"读懂新时代"丛书

孙东升 / 主编

新安全格局下
数据安全法治研究

王怀勇　常宇豪　/ 著

重庆出版集团 ❻ 重庆出版社

DUDONG
XINSHIDAI

图书在版编目(CIP)数据

新安全格局下数据安全法治研究 / 王怀勇, 常宇豪著. 一重庆: 重庆出版社, 2024.2
ISBN 978-7-229-17972-4

Ⅰ.①新… Ⅱ.①王… ②常… Ⅲ.①数据安全法—研究—中国 Ⅳ.①D922.174

中国国家版本馆CIP数据核字(2023)第182495号

新安全格局下数据安全法治研究
XIN'ANQUAN GEJU XIA SHUJU ANQUAN FAZHI YANJIU
王怀勇　常宇豪　著

责任编辑:林　郁
责任校对:何建云
装帧设计:何海林

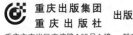 重庆出版集团
重庆出版社 出版

重庆市南岸区南滨路162号1幢　邮政编码:400061　http://www.cqph.com
重庆出版社艺术设计有限公司制版
重庆市国丰印务有限责任公司印刷
重庆出版集团图书发行有限公司发行
E-MAIL:fxchu@cqph.com　邮购电话:023-61520646
全国新华书店经销

开本:889mm×1194mm　1/32　印张:5.125　字数:90千
2024年2月第1版　2024年2月第1次印刷
ISBN 978-7-229-17972-4

定价:36.00元

如有印装质量问题,请向本集团图书发行有限公司调换:023-61520678

总　序

　　2017年金秋十月，秋高气爽，丹桂飘香。习近平总书记在人民大会堂，在党的十九大报告中，郑重作出"中国特色社会主义进入新时代"的重大判断，并指出这是"我国发展新的历史方位"。这是在中华人民共和国成立近70年、中国共产党成立近100年、改革开放近40年的重大时刻，对我们党和国家所取得的伟大成就，特别是在对党的十八大以来党和国家事业取得历史性成就、发生历史性变革进行科学总结的基础上，经过审慎研究作出的科学判断，是对我国现阶段所处历史方位的科学定位。

　　中国特色社会主义进入新时代的重大判断，是习近平新时代中国特色社会主义思想产生的时代背景，是我国社会主要矛盾发生转变的必然结果，是我们党和国家制定发展战略和政策举措、确定工作任务和奋斗目标的重要依据。这一重大政治判断，精辟概括了当代中国发展变革的阶段性特征，科学标定了中国特色社会主义航船前行的时代坐标。

中国特色社会主义进入新时代的重大判断，具有深远的历史意义、政治意义和世界意义。对中华民族来说，这是实现伟大复兴光明前景的新时代，意味着近代以来久经磨难的中华民族迎来了从站起来、富起来到强起来的伟大飞跃；对科学社会主义来说，这是中国共产党在世界上高高举起中国特色社会主义伟大旗帜的新时代，意味着科学社会主义在21世纪的中国焕发出强大的生机和活力；对整个世界来说，这是中国为解决人类问题贡献智慧和方案的新时代，意味着中国特色社会主义道路、理论、制度、文化不断发展，拓展了世界范围内发展中国家走向现代化的实现途径，为世界上追求发展和独立的国家和民族提供了全新选择。

新时代是从党的十八大开始的。党的十八大以来，我国在经济建设、政治建设、社会建设、文化建设、生态文明建设等方面，在改革发展稳定、治党治国治军、内政外交国防等领域，都取得了历史性、转折性、全局性的突破和转变。从党的十八大到现在，十多年过去了，新时代又踏上了新征程，党的二十大胜利擘画了实现中国式现代化的宏伟蓝图。

新时代具有极其丰富的内涵。面对新时代，我们有许多可以研究的课题。比如，新时代究竟"新"在哪里？在新时代，我们要继往开来、续写新的时代篇章；我们要开创新局面，对推进强国建设、民族复兴伟业作出新的战略安排；我们要适应人民新期待，满足人民对美好生活的新向往；我们要砥砺奋进、接续奋斗，续写梦想新征程；我们要积极参与、顺应时代潮流，提升我国的国际形象和地位，等等。所有这些，都是新时代的内涵和范畴。读懂新时代，就要厘清这些问题，搞清其中道理，挖掘精神财富。

比如，应该如何看待新时代的发展历程和光明前景？

首先，新时代之所以能够取得伟大成就，根本在于"两个确立"。正是因为确立了习近平同志在党中央的核心、在全党的核心地位，为新时代中国这艘巨轮掌舵领航；正是因为确立了习近平新时代中国特色社会主义思想这一当代中国马克思主义、21世纪马克思主义的指导地位，并用这一科学理论武装头脑、指导实践、推动工作，我们的强国建设、民族复兴伟业才能经受住各种风险挑战和考验。"两个确立"是反映全体人民共同心声的重大政治论断，是新时代我们党形成的最重大政治成果、最宝贵历史经验、最客观实践结论，是党和人民应对一切不确定性的最大确定性、最大底气、最大保证。在新时代，我们必须深刻领悟"两个确立"的决定性意义，坚决做到"两个维护"。

其次，新时代的发展是一个不断探索、不断改革、循序渐进的过程。新时代的持久发展和取得的伟大成就，不是敲锣打鼓、轻轻松松就能实现的，而是要在习近平总书记和党中央的坚强领导下，需要经过几代人的不断进取、艰苦努力才能取得的。从历史发展看，从"一化三改造"到确立社会主义制度，再到"以中国式现代化推进中华民族伟大复兴"；从实行改革开放到坚持推进改革开放，再到"以巨大的政治勇气全面深化改革"，实行"更加积极主动的开放战略"；从解决温饱问题到人民生活水平显著提高，再到解决发展不平衡不充分问题……无一不是在总结历史经验的基础上得出的科学论断。

再次，新时代的发展必须坚持人民立场。全心全意为人民服务始终是我们党的宗旨，从未改变。进入新时代以来，我们党深入贯彻以人民为中心的发展思想，无论是健全社会保障体系，还是推进高质量发展；无论是强调协调推进"四个全面"战略布局，还是统筹推进"五位一体"总体布局；无论是提出"一带一路"倡议，还是不断倡导构建人类命运共同体……最终的落脚点都是增进人民福祉，让人民更安全、更幸福，获得感、满足感不断增强。新时代是为人民的时代，是属于人民的时代。

属于新时代的课题还有很多，有的非常重大，比如主要矛盾问题，比如共同富裕问题，等等。我们必须认识到，新时代的发展是全面的、立体的，新时代的发展，从顶层设计到具体实施，从上层建筑到经济基础，涉及经济、政治、文化、社会、军事、外交等各领域各方面各环节，需要各方面专家学者的深度研究和通力解读，需要有责任担当的出版机构大力宣传，积极推广。

重庆出版社策划的这套"读懂新时代"丛书，从小处着眼，聚焦某个重大问题深入研究阐释，辐射反映新时代以来的伟大变革，让人们对新时代有了更为直观的认识。这套丛书是开放性的，随着理论研究的不断深入和新时代新征程的火热实践，将会有更多学者的研究著作纳入其中。希望这套丛书出版以后，能够产生较大的社会效益，并在学术界和广大读者中产生积极影响。

孙东升

2023 年 12 月

目　录

总　序 / 1

第一章｜新安全格局下数据安全概述 / 1

一、新安全格局的理论意蕴简释 / 3

二、从"技术安全"到"国家安全"：
　　新安全格局下数据安全的内涵与外延 / 5

三、新时代数据安全风险主要类型及治理紧迫性 / 12

四、数据安全在新安全格局中的体系定位 / 27

五、新安全格局下数据安全法治建设的基本要求 / 36

第二章｜我国数据安全法治发展历程
　　　　｜与基本格局 / 45

一、我国数据安全法治建设的发展历程 / 47

二、我国数据安全法治体系的基本格局 / 56

第三章 | 新时代数据安全法治的
重点问题 / 83

一、个人数据安全：防控个人数据信息处理中的
国家安全风险 / 85

二、企业数据安全：构建激励相容的数据安全
治理机制 / 102

三、公共数据安全：兼顾开发利用与安全保障 / 122

四、数据跨境流动安全：数据出境与数据调取 / 139

主要参考文献 / 147

后　记 / 150

第一章

新安全格局下数据安全
概述

党的二十大报告强调，推进国家安全体系和能力现代化，坚决维护国家安全和社会稳定。新时代要求建立与之相适应的新安全格局，而数据安全作为新安全格局的重要组成部分，对推动社会经济高质量发展具有重要意义。

一、新安全格局的理论意蕴简释

新安全格局的提出，最早见于 2021 年 11 月 18 日召开的中共中央政治局审议《国家安全战略（2021—2025 年）》会议。会议指出，新形势下维护国家安全，必须牢固树立总体国家安全观，加快构建新安全格局。2022 年 1 月召开的中央政法工作会议，提出统筹谋划、一体推进高质量发展和高水平安全，实现"新发展格局和新安全格局互促共进"。党的二十大报告明确提出："要坚持以人民安全为宗旨、以政治安全为根本、以经济安全为基础、以军事科技文化社会安全为保障、以促进国际安全为依托，统筹外部安全和内部安全、国土安全和国民安全、传统安全和非传统安全、自身安全和共同安全，统筹维护和塑造国家安全，夯实国家安全和社会稳定基层基础，完善参与全球安全治理机制，建设更高水平的平安中国，以新安全格局保障新发展格局。"由此可知，在时代性上，新安全格局是新时代以总体国家安全观为指导形成的安全格局；在内容性上，是统筹外部与内部、国土与国民、传统与非传统、自身和共同安全的综合性、系统性安全格局；在功能性上，是与新发展格局互促共进，保障新发展格局的安全格局。

对于新安全格局的含义，不同学者从不同维度进行了解读。有学者从内容性视角认为，新安全格局由多层次构成，是比较完整的系统：一是高效权威的国家安全领导体制和工作协调机制，突出强调了坚持党中央对国家安全工作集中统一领导；二是涉及安全的各领域、各要素的安全体系，即国家安全法治体系、战略体系、政策体系、风险监测预警体系、国家应急管理体系，构建全域联动、立体高效的国家安全防护体系，以及经济、重大基础设施、金融、网络、数据、生物、资源、核、太空、海洋等安全保障体系；三是增强维护国家安全能力，加强重点领域安全和海外安全保障能力建设，提高各级领导干部统筹发展和安全能力；四是坚持安全第一、预防为主，完善公共安全体系，提高公共安全治理水平。上述各层次有机统一，统筹协调，构成了新安全格局。也有学者从功能性视角提出，既然新安全格局是新发展格局之保障，新安全格局即应与新发展格局在影响范围、影响特征上相一致。新发展格局的特征是国内循环与国际循环的"双循环"，那么，新安全格局的特征就应该是统筹国内与国际安全、统筹传统与非传统安全的"双统筹"。

二、从"技术安全"到"国家安全":
新安全格局下数据安全的内涵与外延

全面而深刻地理解新安全格局下数据安全的内涵与外延,是以新安全格局保障新发展格局的重要手段。

(一)数据:从信息记录到生产要素

在论及数据安全之前,有必要对数据概念进行一个简要概述。《中华人民共和国数据安全法》(下文简称《数据安全法》)中的数据,是指任何以电子或者其他方式对信息的记录。简言之,数据是对信息之记录。此定义强调了数据对于信息的依存性。既然数据是对信息的记录,那么只有信息存在时才可能被记录;如果没有信息,就无需记录,数据也就不复存在了。这与计算机科学将数据单纯指代所有能输入计算机并被计算机程序识别、处理的符号有本质区别。换言之,《数据安全法》中的数据并非指纯粹的0和1符号,而是指具有信息内容的符号,数据的有用性也正是基于数据所记录信息的有用性,这也是数据成为数字经济生产要素的关键所在。从利用的角度观察,由于早期的数据处于一种静止、孤立的状态，其作用与价值其实就是一种信息记录，只不过是用计算机储存和管理而已。然而，随着数据采集技术、存储技术、传输技术以及处理技术的发展，数据的作用与价值得以充分挖掘和释放。首先，数据可以支撑业务贯通。产业数字化可以使不同部门产生的数据进行流转，实现业务系统相互贯通，助推产业升级改造。其次，数据可以推动数智决策。数据通过加工、分析、建模，可以揭示出更深层次的关系和规律，使生产、经营、服务、治理等环节的决策更智慧、更智能、更精准。在数据分析、人工智能等技术的辅助下，数据自动化、智能化的采集、传输、处理、操作构成了新的生产体系，可以实现经营分析与决策的全局优化，数据要素成为决定企业竞争力的重要因素。再次，数据可以对外流通赋能。通过数据共享使不同场景下产生的数据实现聚合，在数据挖掘、关联技术加持下，可以实现更大规模、更长链条、更高水平的生态系统和商业模式，真正实现数据的要素价值。

（二）数据安全内涵的演变与保护模式变迁

在本质上，数据安全风险是一种技术风险，是伴随数据分析技术的发展而产生的。故此，数据安全的内涵以及数据安全的保护模式也是伴随经济社会发展和信息技术的进步而变化的。根据不同时期的数据特点以及保护重点的不同，一般将之划分为三个阶段：数据安全1.0阶段、数据安全2.0阶段和数据安全3.0阶段。

1.数据安全1.0阶段：封闭环境下的数据静态安全保护

20世纪80年代至90年代中后期，个人电脑和服务器逐步进入企业和家庭。该阶段基本为单机或小型联机状态，数据储存在单体计算机或数据库等小型信息系统中，处于一种静止的封闭状态。这时的数据安全主要是应对病毒对数据单元的损毁和破坏，以保证所记录信息的保密性（secrecy）、完整性（integrity）和可用性（availability）。保密性，是指数据不为其他不应获得者获得；完整性，指在传输、存储数据的过程中，确保数据不被未授权地篡改或在篡改后能够被迅速发现；可用性，是指数据满足一致性、精确性、完整性、时效性和实体同一性的要求。因此，该阶段的数据安全实质是以PC端或数据库为中心的信息安全。所采取的应对措施主要为数据库加密、防火墙、漏洞扫描等防御型措施。

2.数据安全2.0阶段：网络环境中的数据安全保护

20世纪90年代后期至21世纪初期，互联网的普及使更多单体计算机进入联网状态，以企业为单元的局域网成为主流形态，数据通过网络在有限空间进行流动和使用。这一阶段的数据安全风险来自两个方面：一是蠕虫等病毒通过网络传播对信息进行破坏；二是专门针对网络的分布式拒绝服务攻击（DOS、DDOS）。从数据安全的视角看，该阶段对数据的破坏是依托网络来进行的。尽管该阶段网络攻击和恶意代码感染仍然针对的是信息的安全性、完整性和可用性，但此时的数据安全已不再单单是信息本身安全，而是结合了网络安全特性。因此，《中华人民共和国网络安全法》（下文简称《网络安全法》）将数据安全包括在了网络安全内。该法第七十六条规定，网络安全，是指通过采取必要措施，防范对网络的攻击、侵入、干扰、破坏和非法使用以及意外事故，使网络处于稳定可靠运行的状态，以及保障网络数据的完整性、保密性、可用性的能力。针对该阶段以网络为中心的数据安全特点，所采用的防御措施除传统的防火墙、防病毒、文件加密之外，新增加了针对网络安全的访问认证、入侵检测、网络安全审计、统一安全网关等措施。

3.数据安全3.0阶段：开放环境中的数据动态安全保护

进入21世纪，随着信息技术的快速迭代，数据被广泛应用于人们的生产、生活和国家治理中，其角色也由信息记录华丽转身为生产要素。这一阶段，伴随数字产业化和产业数字化的持续推进，数据发生了巨大变化，主要表现在：一是体量巨大。近年来，数据呈现爆发式增长，全球数据量由2018年的33ZB增长至2022年的61ZB，而且还正以年均

50%的速度增长。二是类型复杂。除结构性数据外，还包括大量的图片、音频、视频、文档、文本、电子邮件、网络日志、位置信息等非结构性数据。三是应用广泛。目前，数据已被广泛应用于游戏娱乐、智慧医疗、智慧交通、服务改善（个性化推荐、个性化定制等）、流程优化、公共管理、辅助决策等诸多领域，涉及范围广、留存节点多、处理链条长成为重要特征。上述特点决定了数据风险的多样性、安全防范的复杂性。首先，本阶段数据最突出的特点是要素化。与传统数据之信息记录功能不同，要素化数据必然参与生产和流通，因为数据只有在共享交易和使用中才能发挥作用、产生价值。其次，本阶段的数据风险是在数据流动和使用中产生的风险，是一种开放环境下的动态风险，数据安全则是以数字经济发展和数据充分利用为前提的安全。如果说数据安全1.0阶段和2.0阶段以维护数据安全为唯一价值目标，以静态被动防护为主要手段，那么数据安全3.0阶段则以数字经济发展和数据安全为共同价值追求，动态主动防御成为本阶段数据安全的必然选择。再次，数据安全3.0阶段的数据安全是涵盖数据收集、存储、使用、加工、传输、提供、公开、销毁全生命周期的安全，保护模式是以数据为中心的保护模式，数据处理和共享成为安全保障之重点。这里的数据安全不仅包括数据本身的安全，还包括数据利用安全（不得非法

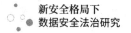
获取、不得非法利用)。

(三)新安全格局下的数据安全

《数据安全法》对数据安全进行了定义。第三条规定，数据安全，是指通过采取必要措施，确保数据处于有效保护和合法利用的状态，以及具备保障持续安全状态的能力。此定义具有三层内涵：其一，确保数据处于有效保护状态。这是对数据本身安全之要求，所谓"有效保护"，即必须保障数据的保密性、完整性和有用性，不使数据遭到篡改、破坏或泄露。其二，确保数据处于合法利用的状态，不非法获取、非法利用或滥用。此处数据的非法获取或非法利用具有两个面向，即内部安全面向和外部安全面向。内部安全面向要求我国的数据处理者收集数据要采取合法、正当的方式，不得窃取或者以其他非法方式获取数据。对于个人信息数据的收集，应遵循《中华人民共和国个人信息保护法》(下文简称《个人信息保护法》)关于合法收集之规定，告知并经信息主体同意或依法定情形进行收集。个人信息数据的利用应符合最少收集原则、目的特定原则等相关规定，不得改变初始目的进行利用。可以看出，内部安全面向更多强调数据处理秩序之维护，使数据处理处于合法、有序、公平的环境中。而外部安全面向则针对境外势力或黑客以政治目的或盈利目的，通过网络攻击或其他非法形式获取或滥用我国数据之情形，更多关注的是数据的非合法利用状态对国家数据主权和国家安全之威胁。随着数据价值的日益凸显，数据非法利用的两个面向形势均不容乐观。域外对我国数据的非法窃取和网络攻击均呈现增长之势，尤其是针对信息关键基础设施的入侵严重威胁着我国的数据主权和国家安全，例如2022年9月美国国家安全局对西北工业大学网络攻击窃取核心数据事件、2022年4月国家安全机关破获的首例为境外刺探并非法提供高铁重要敏感数据的情报案件、北京健康宝境外网络攻击事件、上海4850万居民随申码泄露事件、蔚来汽车数据泄露事件，等等。其三，具备保障数据持续安全状态的能力。这是对数据安全能力维度的要求，指数据处理者在面对各种威胁挑战的情况下所具有的使数据能够并持续保持安全的能力。要做到这一点，首先应增强数据安全风险感知、预警和防范能力，做到未雨绸缪、防患于未然；其次，应加强数据关键基础设施保护能力和数据收集、存储、使用、加工、传输、提供、公开、销毁全生命周期所有环节的安全保障能力；再次，增强数据安全事件发生后的数据恢复能力。数据是新时代数据安全的核心，数据恢复是数据安全的最后手段，也是防止数据攻击的最后一道防线，因此，数据恢复能力是数据安全的重中之重。

三、新时代数据安全风险主要类型及治理紧迫性

新时代，数据安全事关全面建设社会主义现代化之大局。了解数据安全风险的主要类型以及治理的紧迫性，对健全国家安全体系，顺利推进社会主义现代国家建设具有重要意义。

（一）数据安全风险的主要类型

新时代数据安全风险按照分类依据不同有六种分类方法。

1.风险来源分类

依数据风险来源，可将数据安全风险划分为内部风险、外部风险和技术风险。需要指出的是，这里的内外部安全风险是针对特定主体而言的，既可以是一个企业，也可以是一个国家。本书特指具有数据主权的国家。

一是内部风险，即因国内相关企业或个人违法收集或非法使用、滥用数据形成的数据安全风险。例如，部分企业不告知、不经信息主体同意进行个人信息收集，超范围使用个人信息数据，使用数据进行大数据"杀熟"，滥用个人信息数据进行深度伪造；利用个人信息收集进行网络诈骗；部分企业或个人违法收集国家核心数据、重要数据并向国外提供，或违反国家规定擅自进行数据出境，等等。

二是外部风险，主要是境外势力或黑客通过网络攻击窃取或破坏数据（擦除数据、篡改数据、污染数据等）形成的风险。据国家计算机网络应急技术处理协调中心发布的《2021年上半年我国互联网网络安全监测数据分析报告》，仅2021年上半年，我国境内受恶意程序攻击的IP地址就近3048万个，约占我国IP地址总数的7.8%；感染计算机恶意程序的主机数量约446万台，同比增长46.8%；位于境外的约4.9万个计算机恶意程序控制服务器控制我国境内约410万台主机；境外约1.2万个IPv6地址控制了我国境内约2.3万台IPv6地址主机；在因感染计算机恶意程序而形成的僵尸网络中，规模在100台主机以上的僵尸网络数量2307个，规模在10万台以上的僵尸网络数量68个。据北京奇安盘古实验室披露，一个名为Against The West（ATW）的黑客组织将中国作为主要攻击目标。ATW利用网络扫描探测、漏洞利用、网络钓鱼、供应链攻击等多种技术手段，对我国重要信息系统源代码、数据库等敏感信息的窃取和公开，不仅对企业造成巨大影响，更是严重危害了我国的国家安全。在攻击方式中，勒索软件是目前数据安全最大的威胁方式，占所有攻击方式的59.7%；其次是漏洞利用，占比14.6%；钓鱼邮件位列第三，占比10.5%。此外，木马攻击也是重要方式。

三是技术风险，即指通过数据聚合、关联等大数据分析技术，挖掘、发现数据背后可能影响国家安全的某些规律、趋势或者事实。例如，通过手机信号可以推测某地人员数量，通过军人的运动轨迹数据可以发现军事行动或者军事基地，通过网上购药检索预测流行病发生时间、移动规律等。

2.风险作用主体分类

按照风险作用的主体，数据安全风险可分为个人安全风险、社会安全风险、国家安全风险。个人信息具有识别性，利用个人信息可以识别到特定自然人，如果个人信息数据被非法利用或者滥用，就可能对信息主体的生命、财产安全造成威胁。例如，2016年发生的徐玉玉死亡案件，即为非法利用个人信息进行电信诈骗致人死亡案件。如果说非法利用某人的个人信息可以给个人带来安全风险，那么，大规模个人信息泄露就可能形成社会安全风险或国家安全风险。当代的数据泄露多为大规模泄露，涉及主体多、泄漏量大、种类复杂，极易被非法利用进行群体数据画像，威胁国家安全。例如，2022年3月21日，美国征信巨头TransUnion的南非公司遭巴西黑客团伙袭击，5400万消费者征信数据泄露，几乎是南非的全体人口；同年7月，游戏网站Neopets 6900万用户账户信息遭泄露，涉及姓名、电子邮件地址、邮政编码、性别和出生日期等。

3.风险发生阶段分类

按数据处理的不同阶段，可将数据安全风险分为收集、存储、使用、加工、传输、提供、公开、销毁等风险。根据《数据安全法》规定，数据收集应当采取合法、正当的方式，不得窃取或者以其他非法方式获取数据。收集个人信息数据应当符合《个人信息保护法》之规定，基于个人同意处理个人信息的，应当依法告知信息主体并取得同意；基于法律法规规定收集个人信息的，必须符合法定情形的有关规定，否则就会产生数据安全风险。存储阶段的风险主要是安保水平低下造成的数据安全风险。服务器互联网暴露与云配置错误、系统存在明显漏洞是数据泄露的主要原因，占比分别达到50%和33%。据高德纳咨询公司（Gartner）估计，到2022年至少95%的云安全故障是由于错误配置和管理不善造成的。我国的服务器暴露程度惊人，速7公司（Rapid 7）研究人员发现我国有约1400万台服务器、180万个数据库服务端口对扫描有响应；1300万个暴露端点允许直接访问数据库，其中一半的端点与MySQL有关，其次是PostgreSQL、Oracle DB、Microsoft SQL Server、Redis、DB2和MongoDB端点。暴露严重的主要原因是缺乏加密服务，中国的加密Web的比率仅为26%，远远低于Rapid7期望的35%；加密Shell比率为58%，远远低于与之经济实力相当国家的平均水准（75%）。在使用环节，数据安全风险形成的原因主要是数据的非法利用或滥用。典型案例就是大数据"杀熟"和深度伪造。北京市消费者协会的一项调查显示，约56.92%的受访者曾有过被大数据"杀熟"的经历。在对14个移动应用程序（APP）或网站进行的57组模拟消费体验样本中，有23组样本新老账户的价格不一致，占比40.35%。传输环节的数据安全风险表现为明文传输。南都个人信息保护研究团队发现，包括小米推送、百度地图、字节跳动在内的诸多SDK均存在个人信息数据明文传输的问题，传输内容主要为设备信息、网络信息和手机状态信息，包括手机型号、手机屏幕大小及分辨率、IMEI、操作系统信息、设备容量、IP地址、MAC地址等。

4.风险性质分类

依风险的性质，可将数据安全风险分为数据本身风险和数据利用风险。数据本身风险即为防止数据被篡改、破坏、泄露，保持数据的保密性、完整性和可用性，防范重点是外部攻击对数据的威胁。数据利用风险主要是预防企业或个人对数据的非法获取、非法利用，使数据处于合法利用之状态，要求数据处理者遵守法律法规，尊重社会公德和伦理，遵守商业道德和职业道德，诚实守信，履行数据安全保护义务，承担社会责任。数据处理行为不得危害国家安全、公共利益，不得损害个人、组织的合法权益。

5.数据破坏类型分类

从对数据破坏类型的角度，《工业和信息化领域数据安全风险信息报送与共享工作指引（试行）》将数据安全风险划分为数据泄露、数据篡改、数据滥用、违规传输、非法访问、流量异常共七类。其中，数据泄露是最重要的风险之一。据《中国政企机构数据安全风险分析报告》，2022年全球数据安全大事件中数据泄露事件占51.7%，数据破坏事件占比23.3%。从发生原因看，2022年1月至10月，超过五成安全事件是由没有获得认证的、未经授权的非法用户对内网进行的访问请求或攻击行为等外部攻击所致，5.0%的安全事件是由于内部人员违规操作，3.9%的安全事件是由于存在漏洞。

6.数据类型分类

中共中央、国务院印发的《关于构建数据基础制度更好发挥数据要素作用的意见》（下文简称《数据二十条》）将数据划分为个人信息数据、企业数据和公共数据。这三类数据的安全风险各有特点。首先，个人信息数据最典型的特征就是承载着具有识别性的个人信息，因此，个人信息数据的首要安全风险是因信息被篡改、破坏、泄露或者非法获取、非法利用对信息主体可能造成的人格尊严和自由发展等精神侵害，以及生命和财产的侵害。例如，金融系统发生过多起因个人信息错误而导致的个人征信评价错误事件，给信息主体带来困扰；再如，因违法使用个人信息进行电信诈骗给个人生命财产安全造成重大风险。据中国银联发布的大数据统计分析显示，目前超过90%的电信诈骗、网络消费诈骗案件均为个人信息泄露所致。个人信息数据的另一安全风险是涉及国家安全的特殊个人信息数据泄露或滥用造成的国家安全风险。较为典型的案例是域外敌对势力通过掌握的特殊人员个人信息进行策反，以获取国家高级机密或秘密，如2009年泄露国家钢铁、能源等产业商业机密致国家经济损失7000多亿元的胡士泰案件。其次，具有资产属性的企业数据在权属界定不明、责任不清的背景下被盗取成为首要风险。资产属性是企业数据的核心属性，但企业数据的权属问题一直悬而未决。企业数据一般是在原始数据基础上经加工而成，在企业数据加工过程中企业付出了成本和劳动，故法院一般主张企业拥有所有权，但原始数据的数据主体是否拥有部分所有权则存在争议。在新浪微博诉脉脉案二审中，法院提出了"三重授权"规则。所谓"三重授权"是指"用户授权+平台方/公司授权+用户授权"，即在开放平台对用户数据第一次收集、使用时需要获得用户的授权，这是第一重；在第三方应用通过开放平台间接获取用户数据时需要获得平台方的授权，这是第二重；并且，还需要再次获得用户的授权，这是第三重。之所以需要在第三方应用再次收集信息时再经过第二重、第三重的授权，是因为"数据在流动、易手的同时，可能导致个人信息主体及收集、使用个人信息的组织和机构丧失对个人信息的控制能力，造成个人信息扩散范围和用途的不可控"。利用爬虫爬取数据是开放平台数据共享模式（Open API模式）的典型应用，对促进数据流动、提高数据价值具有一定意义。然而，由于数据权属不明导致大量数据爬取行为定性处于模糊状态，制约了数据的正常流动，形成较大的数据供给风险。近年来发生的3B大战、大众点评诉百度、新浪诉脉脉、淘宝诉美景、今日头条与腾讯大战、微信与抖音之争以及微信生态竞争利益纠纷案均涉及企业数据权属之争。企业数据的次要安全风险是企业主动安全意识差、核心数据和重要数据针对性保护能力不足、关键信息基础设施安保水平低等导致的数据大规模泄露等问题。再次，公共数据的公共资源属性决定了其最大的数据安全风险是在开发利用中的风险。如果说个人信息数据侧重于保护，那么，公共数据则侧重于开放和共享。数据流动是公共数据开发利用的前提，流动中的数据被攻击和泄露的风险较之静止状态要高许多，从而提高了防范公共数据安全风险的难度。这一特点反过来又制约了公共数据开放，因为安全隐患高，企业降低了其开放和使用数据的意愿和动力，不敢放、不愿放迟滞了公共数据开放速度，成为制约数据要素化和数字经济发展的重要制约因素。公共数据开放与安全之间的紧张关系，凸显了发展与安全平衡的重要性。

检视目前数据安全风险的主流分类方式发现，分类多以技术标准作为依据，对法治视角的考量观照不足。为保证与国家政策的有效衔接，笔者将以个人信息数据、企业数据和公共数据分类作为主线，其他分类作为补充的方式进行论述。

（二）新时代数据安全风险特征

随着数据分析技术的发展和数据要素化时代的到来，数据安全风险呈现出许多新特征，数据安全面临诸多新挑战。

其一，数据成为网络攻击和获利的新标的。数据应用的日趋广泛和数据价值的逐步提升，使数据成为各方争夺之焦点。无论是政府背景的高级持续性威胁（APT），还是专业黑客勒索软件、钓鱼软件，均将盗取数据以获取经济利益或政治利益作为其网络攻击的重要目标，与此前以攻击计算机、信息系统、网络系统破坏系统和数据有明显不同。以哥斯达黎加政府网络攻击勒索案为例，2022年4月中旬至5月间，该国27个政府机构和医疗保健系统成为攻击目标。国

家财政部数 TB 数据和 800 多台服务器受到影响，数字税务
服务和海关控制 IT 系统瘫痪，医疗保健系统被非正常下线。
勒索软件组织 Conti 声称对此轮攻击负责，并要求哥斯达黎
加政府支付 2000 万美元。随后，该国宣布进入"国家紧急
状态"以应对勒索软件攻击。2022 年 12 月，蔚来汽车也曾
发生数据遭窃被勒索 225 万美元等额比特币（约合 1570.5 万
元人民币）事件。这标志着以数据为中心的安全风险防范时
代已经到来。

其二，数据安全风险的泛在化趋势明显。一是智能终端
的普及化，使数据产生无处不在。人人皆数据，物物皆信息
成为现实。二是生活和产业的数字化，使数据利用融入了人
们生产生活的方方面面。网上娱乐、在线购物、智慧交通、
数字政府、数字家庭等诸多场景均以数据利用为基础，数据
利用趋于泛化。新技术、新模式的广泛应用令数据安全风险
日趋复杂、多变。三是数据利用的多元化需求，使数据处于
频繁流动、传导中，动态、开放的数据生态导致风险在虚拟
空间与现实空间无处不在。四是新基建下万物互联，物物可
感知，事事可链接，导致海量异构数据快速流转、迅速汇
聚。数据的多点产生、分散储存、动态流动、多元利用，极
大扩展了数据安全风险的复杂性、广泛性和综合性。

其三，大数据、云计算等技术的运用带来新风险。大数

据技术的典型应用场景就是从杂乱无章的海量数据中发现规律、预测趋势。这会导致本无关联的数据碎片建立起关联，呈现出此前并未发现的秘密或情报，增大数据安全风险。云计算技术可以把海量数据汇集在云端，较好地解决了数据存储难题。但同时海量数据汇集也会带来巨大数据安全风险。据《2022年云安全报告》，27%的企业在2022年发生过云安全事件，较去年增长10%，主要原因包括资源或账户配置错误、数据或文件被用户不当共享、账户受损、漏洞被利用等。物联网、云服务正成为新的安全风险源和网络攻击的新目标。

其四，数据跨境安全风险加剧。随着经济全球化和贸易国际化的发展，数据跨境流动日趋频繁，由此带来的数据安全风险愈发严重。据国际电信联盟和TeleGeography统计，2019年中国跨境流通数据量位居全球第一，占全球数据量的23%，规模约为美国的两倍。数据主要流向以下三类地区：一是产业链供应链枢纽；二是数字产业优势地区；三是数字规则较为完善的地区。另外，我国大量企业境外上市也是数据流出的重要途径。据中国企业上市公司协会统计，截至2022年9月份，境外主要市场中国概念上市公司已达1594家。

其五，外部安全威胁不断升级。在传统勒索病毒攻击、

挖矿病毒攻击、拒绝服务攻击、供应链攻击的基础上，APT
攻击日趋频繁。2022年，APT-C-23、Lazarus Group、Patch-
work等威胁组织利用钓鱼邮件频繁发起针对政府、军工等重
要领域的攻击；BlueNoroff组织则采用了能够绕过Windows
Mark of the Web（MotW）保护的新型技术；而APT 37组织
利用了CVE-2022-41128漏洞来发起攻击。这些APT组织均
以数据窃取和远程控制为目的，窃取受害者的文件列表、键
盘记录和存储的Web浏览器登录凭据等各类隐私信息。APT
攻击是指具有政府背景，通过专业水平较高的团队合作方
式，通过长时间精心准备实施的攻击行为，相较而言，攻击
手法更加多元化、复杂化，使传统安全防护技术——以静态
策略和定义码为主的风险防护手段难以感知，危害性极大。
美国国家安全局对西北工业大学进行网络攻击窃取数据事件
即为此类攻击。

（三）数据安全风险治理的紧迫性

数据安全事件的频繁发生，危害性和外溢性已严重影响
到人们的生产生活，乃至国家政治、文化、经济、军事安
全。没有数据安全就没有国家安全，新时代数据安全风险治
理迫在眉睫。

1.违规或非法数据出境严重威胁国家安全

近年来，国内违规或非法数据出境事件时有发生，既包括基因等生物遗传数据，也包括地理数据、交通数据、高铁数据，甚至军事数据，如复旦大学附属华山医院、深圳华大基因科技服务有限公司、苏州药明康德新药开发股份有限公司非法出境人类生物遗传资源数据案件，上海某信息科技公司向境外非法提供高铁数据案件，滴滴出行违法收集敏感个人信息数据、擅自出境地理信息数据和大量个人信息数据案件均为典型案例。更有甚者，擅自采集我国军事基地周边数据出境，给我国军事安全带来严重威胁。2021年3月，国家安全机关发现，我国某重要军事基地周边建有一可疑气象观测设备。这些设备具备采集精确位置信息和多类型气象数据的功能，所采集数据直接传送至境外。后续调查显示，这些设备由李某网上购买并私自架设，类似设备已向全国多地售出100余套，部分被架设在我重要区域周边，所采集数据被传送到境外某气象观测组织的网站。该组织实际上由某国政府部门以科研之名发起成立，而其一项重要任务就是收集分析全球气象数据信息，为军方提供服务。

2.关键信息基础设施频遭攻击重要数据遭窃

为了遏制中国和平崛起，美国等西方国家不间断地对我国关键信息基础设施进行攻击，破坏系统、攫取数据，威胁到国家安全。例如，2016年我国遭境外APT攻击，涉及全国31个省（直辖市、自治区）的超万台电脑，攻击重点是北京、广东的政府机构和教育科研部门。针对科研教育机构的攻击次数最多，占到攻击总量的37.4%；其次是政府机构，占27.8%；其他被攻击的重点领域还包括军事系统、工业系统、商业系统、航天系统和交通系统等。再如，ATW对我国的网络攻击。据相关统计，ATW盗取并披露我国重要信息系统源代码、数据库等70多次，涉及我国重要政府部门、基础设施等100多家单位的300多个信息系统。又如，国家计算机病毒应急处理中心和360公司专题研究报告披露的美国国家安全局"酸狐狸"漏洞攻击武器平台。报告称，"酸狐狸"默认木马程序"验证器"的不同版本曾在中国上百个重要信息系统中运行，其植入时间远远早于"酸狐狸"平台及其组件被公开曝光时间，说明美国国家安全局对至少上百个中国国内的重要信息系统实施网络攻击。至今，多个"验证器"木马程序仍在一些信息系统中运行，向美国国家安全局总部传送情报。还有CNCERT近期监测跟踪发现的"8220"挖矿团伙持续传播Tsunami僵尸网络程序。抽样监测发现，在该团伙单日对上千台主机成功实施漏洞攻击，并下载挖矿、僵尸网络程序等恶意样本。上述团伙传播目标IP所在地域主要集中在北京、广东、上海等省份城市。目前捕获的"8220"攻击团伙的IP类型的攻击资源，主要分布美国、乌克兰等国家。CNCERT建议，对暴露在公网上的应用服务使用高强度口令及认证机制，定期对服务器进行加固，修复相关高危漏洞。这些专门针对我国关键信息基础设施进行的网络攻击和数据窃取行为，已严重威胁我国国家安全，必须尽快予以治理。

3.数据泄露事件频发安全风险加剧

据国际数字化运营服务提供商Proxyrack 2022年度的观测数据，我国2022年发生数据泄露事件5131万起，居全球第三位，仅次于俄罗斯（9672万起）和美国（6372万起）。重点领域为金融、教育科研、医疗、交通、通信等，其中，金融领域主要包括40多家金融机构数据被窃、平安人寿泄露4万条公民个人信息数据、深圳某券商OA系统遭攻击等；教育科研领域包括西北工业大学网络遭攻击，敏感数据失窃；医疗领域有北京健康宝遭受境外网络攻击、上海随申码4000多万用户数据遭泄露、澳门健康码遭来自欧美地区的网络攻击；交通领域包括境外公司窃取我国高铁数据、部分航空公司网络系统被置入木马病毒盗取数据、蔚来汽车用户数据被盗取遭勒索；通信领域有部分电信运营商骨干网络节点设备、核心业务系统服务器等被植入特种木马程序，部分数据被盗取。观察上述案件发现，数据泄露均发生在关系国计民生的重要领域，大量核心数据或重要数据泄露严重威胁着公民个人安全和国家安全。

四、数据安全在新安全格局中的体系定位

党的二十大报告要求"强化经济、重大基础设施、金融、网络、数据、生物、资源、核、太空、海洋等安全保障体系建设"。这是我国首次将数据安全单独列出作为国家安全的重点组成领域。

数据作为新时代的基础性资源、战略性资源和关键生产要素，在新安全格局中的体系定位体现为两个维度：一是数据安全作为新安全格局的重要组成部分，发挥着支撑和保障作用；二是数据安全与文化、科技、能源等重要安全领域融合渗透，具有赋能其他领域安全和价值释放的功能。以经济领域为例，数字经济的两个分支——数字产业化和产业数字化恰与数据安全的两个定位相吻合。根据国家统计局发布的《数字经济及其核心产业统计分类（2021）》，数字经济分为数字产品制造业、数字产品服务业、数字技术应用业、数字要素驱动业和数字化效率提升业五个大类。其中，数字产业化为前四类，包括计算机通信和其他电子设备制造业、电信广播电视和卫星传输服务、互联网和相关服务、软件和信

息技术服务业等，是数字经济发展的基础；第五类为产业数字化部分，指应用数字技术和数据资源为传统产业带来的产出增加和效率提升，是数字技术与实体经济的融合。数字产业作为一个独立于传统产业的新兴产业，内容涉及制造、服务、应用和要素驱动四大板块，已经形成集软件开发、数据传输、互联网接入服务、互联网搜索服务、互联网安全服务、互联网数据服务、互联网平台、数据交易等诸多细分领域的庞大产业集群。而数据作为数字产业的基础和核心生产要素，其安全对产业发展有着至关重要的作用。同时，数字技术又与实体经济相融合，推动传统产业升级、提质，实现产业数字化，孕育出了智慧农业、智能制造、智能交通、智慧物流、数字金融、数字商贸、数字社会、数字政府等多样化数字应用场景。在这些场景中，数据安全赋能诸多领域之安全。因此，数据安全既具有独立性、保障性，又具有基础性和全局性。

（一）数据安全是新安全格局的重要部分

数据安全在新安全格局中的独立性和保障性主要围绕数字产业化展开，强调依托数据要素本身所开展的系列技术研发、商业活动与市场交易诸环节的数据安全。数据安全产业是为保障数据持续处于有效保护、合法利用、有序流动状态提供技术、产品和服务的新兴业态，也是推动数字产业高质量发展，提高各行业各领域数据安全保障能力，加速数据要素市场培育和价值释放，夯实数字中国建设和数字经济发展的重要基础和支撑。智能终端的普及，5G和无线传输技术的发展，大数据、云计算、人工智能等新一代数字技术的快速迭代使得数据的采集、传输、存储与分析能力不断提升，数据在经济价值创造、社会福利提升、现代社会治理和国家治理活动中发挥着越来越重要的作用，成为核心生产要素和基础性、战略性资源。然而，随着数据价值的逐步凸显，数据流转日趋加快，应用场景得到极大拓展。与之相伴的数据安全风险也极为严峻。这些风险既包括对数据保密性、完整性和可用性的威胁，也包括数据被非法窃取、非法利用或滥用之风险；既有内部管理不足造成的数据泄露风险，也有外部恶意攻击带来的风险，还有新技术、新模式的应用带来的风险。这些风险对数据安全、数据主权和国家安全造成重大威胁。而且，伴随数字经济的快速发展，数据安全风险将会进一步加剧。因此，促进数据安全产业发展，强化数据安全维护，对建设新安全格局将会起到重要的基础性和保障性作用。只有维护好数字产业的数据安全，新安全格局的"四梁八柱"才能更坚固、更稳健，我国国家安全的航船才能行稳致远。

习近平总书记在网络安全与信息化工作座谈会上指出，"维护网络安全，首先要知道风险在哪里，是什么样的风险，什么时候发生风险，正所谓'聪者听于无声，明者见于未形'。感知网络安全态势是最基本最基础的工作。要全面加强网络安全检查，摸清家底，认清风险，找出漏洞，通报结果，督促整改。要建立统一高效的网络安全风险报告机制、情报共享机制、研判处置机制，准确把握网络安全风险发生的规律、动向、趋势。要建立政府和企业网络安全信息共享机制，把企业掌握的大量网络安全信息用起来，龙头企业要带头参加这个机制"；"信息技术变化越来越快，过去分散独立的网络变得高度关联、相互依赖，网络安全的威胁来源和攻击手段不断变化，那种依靠装几个安全设备和安全软件就想永保安全的想法已不合时宜，需要树立动态、综合的防护理念"；"金融、能源、电力、通信、交通等领域的关键信息基础设施是经济社会运行的神经中枢，是网络安全的重中之重……不出问题则已，一出就可能导致交通中断、金融紊乱、电力瘫痪等问题，具有很大的破坏性和杀伤力。我们必须深入研究，采取有效措施，切实做好国家关键信息基础设施安全防护"。这些要求同样适用于作为网络安全重要组成部分之一的数据安全。

在习近平总书记关于网络安全和信息化重要思想指引

下，我国数据安全工作取得显著成绩。数据安全管理和个人信息保护水平显著提升，关键信息基础设施安全保护持续强化，数据安全技术进步显著，网络安全态势感知、事件分析、追踪溯源、应急处置能力有较大提升。然而，我国数据安全防控能力还较薄弱，关键信息基础设施安全防护水平不高，一些重要工控系统对外国技术依赖严重，数据安全风险加剧和防护能力不足的矛盾还较为突出。新时代新征程，要坚持以习近平新时代中国特色社会主义思想为指导，进一步完善有关法律法规，防范化解数据安全风险，保障数据主权安全和国家安全。数字企业应增强维护数据安全的自觉性和主动性，加快数据安全技术与人工智能、大数据、区块链等新兴技术的交叉融合创新，赋能提升数据安全态势感知、风险研判等能力水平。推进新型计算模式和网络架构下数据安全基础理论和技术研究，支持后量子密码算法、密态计算等技术在数据安全产业的发展应用。优化升级数据识别、分类分级、数据脱敏、数据权限管理等共性基础技术，加强隐私计算、数据流转分析等关键技术攻关。研究大数据场景下轻量级安全传输存储、隐私合规检测、数据滥用分析等技术。强化数据收集、存储、使用、加工、传输、提供、公开全生命周期的安全保护，提高数据安全的整体水平，使数据安全真正成为新安全格局的坚强保障和有力支撑。

（二）数据安全在新安全格局中具有全局性作用

所谓全局性指数据是数字经济、数字社会、数字政府建设的基础要素和血液，数据安全同经济、社会、文化、生态、政务等领域安全相互交织、密切联系。数据安全已不再仅是数字产业独有的安全，而是各行业的数据安全。因此，数据安全具有牵一发而动全身的作用，没有数据安全就没有国家安全，也就不可能有新安全格局。

近年来，随着数字中国和"互联网+"的深入推进，行行数字化、业业皆数据已成为新时代的鲜明特征，尤其是工业领域的数字化转型成效明显，数据已经成为技术创新的重要力量和基础。北京大学国家发展研究院与智联招聘联合开展的2022企业数字化转型调研数据表明，81.6%的企业已经开始进行数字化转型，产业数字化成为企业发展的主流趋势。数字政府建设深入推进，全国96.68%的办税缴费事项实现"非接触式"办理，全面数字化电子发票试点稳步推进，电子发票服务平台用户数量突破千万级。联合国电子政务调查报告显示，我国电子政务在线服务指数排名从2012年全球第78位提高到2022年的第9位。数字社会建设成效明显。全国中小学（含教学点）互联网接入率达100%，住房公积金小程序服务1.64亿缴存人，社会保障卡持卡人数达13.63亿人，电子社保卡领用人数达6.19亿人，全国已审批设置1700多家互联网医院。2023年2月，中共中央、国务院印发了《数字中国建设整体布局规划》，对新时代新征程的数字经济、数字政务、数字文化、数字社会和智慧生态建设提出明确要求。该规划提出，到2025年，基本形成横向打通、纵向贯通、协调有力的一体化推进格局，数字中国建设取得重要进展。数字基础设施高效联通，数据资源规模和质量加快提升，数据要素价值有效释放，数字经济发展质量效益大幅增强，政务数字化智能化水平明显提升，数字文化建设跃上新台阶，数字社会精准化普惠化便捷化取得显著成效，数字生态文明建设取得积极进展，数字技术创新实现重大突破，应用创新全球领先，数字安全保障能力全面提升，数字治理体系更加完善，数字领域国际合作打开新局面。到2035年，数字化发展水平进入世界前列，数字中国建设取得重大成就。数字中国建设体系化布局更加科学完备，经济、政治、文化、社会、生态文明建设各领域数字化发展更加协调充分，有力支撑全面建设社会主义现代化国家。该规划的印发和实施，标志着数字技术与"五位一体"总体布局的深度融合，也标志着我国全面数字化踏上新征程，数字中国建设再上新台阶。

作为伴生性风险，随着数字中国建设的全面推进，数据安全风险显得愈发严峻。而且与数字产业虚拟空间的数据安全不同，数字政府、数字文化、数字社会、智能生态、智能制造等均为现实世界的真实存在，一旦受到攻击发生数据安全事件，将会直接影响国家的正常运转和人们的生产生活，严重时甚至危及生命财产安全。以物联网为例，正如有专家所言，"每一台被攻陷的设备都可能变成间谍机器甚至害人凶器"。2016年10月，美国最大的燃油管道商科洛尼尔管道运输公司（Colonial Pipeline）遭到勒索软件攻击，被迫关闭了长达5500英里（约8851公里）的运输管道。此次攻击事件导致美国东海岸部分地区出现燃油短缺，随后美国17个州和华盛顿特区宣布进入紧急状态；2019年3月初，美国通过"网络攻击"委内瑞拉电力系统，致使该国23个州中的18个州出现大规模停电，直接导致交通、医疗、通信及基础设施瘫痪……通过物联网攻击还可以瘫痪交通、损毁金融系统、危害政府办公系统、破坏供水安全……物联网安全已经成为网络安全的"主战场"。近年来，我国发生多起物联网安全事件。2019年3月，武汉微锋科技有限公司100多台物联网终端设备被恶意升级无法使用、10万台设备离线，造成重大经济损失；2020年2月，境外组织声称掌握我境内大量摄像头控制权限并扬言进行攻击；同年国家安全机关破获了一起利用新冠肺炎疫情题材投递的定向威胁攻击医疗机构案件。因此，现实空间的数据安全问题更应引起高度重视，增强主动防护意识，避免造成重大损失甚至危及国家安全。

然而，我国诸多产业的数据安全问题不容乐观，如普遍存在缺乏强化加密措施和授权访问措施、基于数据分级分类基础上的针对性保护不足、数据安全态势感知与管控能力弱、缺乏应有的数据安全评估机制和应急处置机制、关键信息基础设施安保水平低、数据安全主动防护意识不强。而且，随着数字中国的深入推进，"数据孤岛"逐步打破，数据跨界流动将会愈加频繁。不同领域、不同性质的数据安全问题相互联系、相互影响、相互渗透，并在一定条件下相互转化，形成"传导效应"和"联动效应"。例如，大量的文化数据泄露可能会影响意识形态安全，个人信息数据泄露可能引发社会安全或政治安全，政务领域数据受到攻击也可能转化为个人安全威胁或政治安全威胁。数据安全问题已成为关乎中国式现代化建设的全局性问题，在新安全格局中具有全局性、整体性作用。因此，解决数据安全问题应该用系统性和全局性思维，着眼于维护多领域、国家整体的数据安全，孤立地解决某个领域问题或某个具体问题无法真正解决数据安全问题。

五、新安全格局下数据安全法治建设的基本要求

随着我国进入新时代、迈上新征程，数据安全形势发生许多新变化、出现许多新问题、面临许多新挑战、提出许多新要求，亟待通过法治建设予以回应和破解。要以习近平新时代中国特色社会主义思想为指导，全面贯彻落实党的二十大精神和总体国家安全观，推进数据安全法治化、现代化建设，助推新安全格局保障新发展格局。

（一）突出强化党的领导这个根本

中国共产党领导是中国特色社会主义最本质的特征。数据安全关乎人民安全、社会稳定和国家安全，更关乎数字中国建设、数字经济发展和中国式现代化的顺利推进。因此，新时代数据安全法治建设必须坚持党的领导。习近平总书记指出，"党政军民学、东西南北中，党是领导一切的"，"党的领导是全面的、系统的、整体的"。党的领导必须体现到经济建设、政治建设、文化建设、社会建设、生态文明建设和国防军队、祖国统一、外交工作、党的建设等各方面，当然也包括数据安全法治建设。进入新时代，数据的外部安全与内部安全、自身安全与共同安全形势较历史上任何时候都更复杂和严峻，数据安全面临着前所未有的风险挑

战。只有坚持和加强党的领导，充分发挥党总揽全局、协调各方的领导核心作用，才能够高水平推进数据安全法治建设。

（二）统筹内部安全与外部安全

从分析产生的因素看，数据安全分为内部安全和外部安全。内部安全主要指国内企业或个人篡改、破坏、泄露或者非法获取、非法利用数据行为引发的安全问题；外部安全则主要指域外组织或个人篡改、破坏、泄露或者非法获取、非法利用中国数据行为引发的危害数据主权和国家安全问题。内部因素和外部因素均为数据安全的重要风险源，只有统筹做好数据的内部风险和外部风险防范，才能使个人信息数据和国家的核心数据、重要数据安全无虞。目前，数据的内部安全问题主要包括：一是个人信息数据贩卖侵害个人信息权益。数据黑色交易猖獗，个人信息数据贩卖活动屡禁不止。黑市数据主要来源于网络攻击窃取和"内鬼"泄露。网络攻击窃取是通过攻击企业的相关后台、数据库等获取数据；而"内鬼"泄露，指部分公司或信息拥有者的内部人员，与不法分子勾结泄露数据。目前，"内鬼作祟"导致的数据信息泄露可以占到85%，成为数据泄露的主要原因。二是特殊类型数据泄露风险加剧。根据数据泄露事件统计分析，政务数据、金融数据、健康数据、个人生物数据成为盗取或泄露重点。三是数据违规出境安全风险激增。滴滴出行高额处罚，"运满满""货车帮""BOSS直聘"遭网络安全调查均与数据违规出境有关。四是滥用个人信息数据实施大数据"杀熟"、强制"二选一"。阿里巴巴、美团、饿了么强制"二选一"遭处罚，飞猪和去哪儿网涉嫌大数据"杀熟"被北京市消费者协会调查均为典型案例。五是违规收集、超范围使用个人信息数据。

数据的外部安全问题主要是有政府背景的组织或黑客频繁对我国关键信息基础设施进行攻击并盗取大量重要数据。近年来，美国国家安全局对中国发动了上万次恶意网络攻击，控制了数以万计的网络服务器、上网终端、网络交换机、电话交换机、路由器、防火墙和通信基础设施运营企业的数据服务平台等网络设备，先后窃取了关键网络设备配置、网管数据、运维数据等超过140GB的高价值数据。根据360公司披露，美国国家安全局和中央情报局对我国已进行了十余年的网络攻击和数据盗取活动，重点针对我国各行业龙头企业、政府、大学、医疗机构、科研机构甚至是关乎国计民生的重要信息基础设施运维单位等，窃取的数据包括人口数据、医疗卫生数据、教育科研数据、军事国防数据、航空航天数据、社会管理数据、交通管理数据、基础设施数据等核心数据和重要数据。这些数据一旦被滥用，危害将超越虚拟世界，给现实世界造成重大安全威胁。

一方面，要进一步夯实我国数据安全的法治基础。新时代，数据安全已与领域安全相互交织、彼此融合，只有实现所有领域的数据安全，才可能保障国家数据安全。因此，应在现有法律体系基础上，进一步结合不同行业和领域之特点，制定出符合行业和领域特点的数据安全规范，将数据安全嵌入部门法律中，形成数据安全法与部门法相互衔接、彼此照应的数据安全法治环境。同时，强化政策与法律的协调性，将《关于构建数据基础制度更好发挥数据要素作用的意见》《关于促进数据安全产业发展的指导意见》中有关数据安全的政策上升为法律，进一步丰富国内数据安全法律体系之内容，为数据的内部安全提供坚实的法律保证。另一方面，积极推动国际数据安全规则的制定。应以《全球数据安全倡议》为基础，将"反对利用信息技术破坏他国关键基础设施或窃取重要数据，以及利用其从事危害他国国家安全和社会公共利益的行为"之倡议，变为世界各国共同遵守的数据安全准则，与其他国家一道共同维护数据安全。同时，尽快研究《全球数据安全倡议》的核心理念、根本遵循、重要原则、长远目标和实现路径，与国内《数据安全法》《网络安全法》《个人信息保护法》相衔接，形成国内法与国际规则相互支持与配合的数据安全法治环境，实现数据内部安全与外部安全的有机统一。

（三）统筹自身安全与共同安全

这里的自身安全指数字产业本身的数据安全，而共同安全则是指数字中国建设中所有涉及领域的数据安全。自身安全是共同安全之基础和保障，共同安全则是数据安全的愿景与目标。一方面，需要高度重视自身安全，大力发展数据安全产业。数据安全产业是为保障数据持续处于有效保护、合法利用、有序流动状态提供技术、产品和服务的新兴业态，对保障数字中国建设和数字经济做大做强具有重要意义。然而，我国数据安全产业由于起步晚，许多关键技术还较薄弱，高端芯片、CPU、内存、硬盘和操作系统等核心基础软硬件产品的自给率较低，数据风险综合监测能力和网络攻击溯源能力不足，关键信息基础设施网络安全保障体系仍不完善。上述不足严重制约着我国数据安全产业发展。数据安全技术研发是一种高投入活动，在普遍重视产出效益的氛围中，数据安全激励明显不足。换言之，数据利用激励与数据安全保护激励显著失衡，急需以立法形式进行促进和激励，以使更多企业和个人主动投入到数据安全的技术研发和应用之中。一是明确技术攻关方向。推进新型计算模式和网络架构下数据安全基础理论和技术研究，支持后量子密码算法、密态计算等技术在数据安全产业的发展应用。优化升级数据识别、分类分级、数据脱敏、数据权限管理等共性基础技术，加强隐私计算、数据流转分析等关键技术攻关。研究大数据场景下轻量级安全传输存储、隐私合规检测、数据滥用分析等技术。加强第五代和第六代移动通信、工业互联网、物联网、车联网等领域的数据安全需求分析，推动专用数据安全技术产品创新研发、融合应用。支持数据安全产品云化改造，提升集约化、弹性化服务能力。二是加大政策支持力度。利用财政、金融、土地等政策工具支持数据安全技术攻关、创新应用、标准研制和园区建设。支持符合条件的数据安全企业享受优惠政策。引导各类金融机构和社会资本投向数据安全领域，支持数据安全保险服务发展。支持数据安全企业参与"科技产业金融一体化"专项，通过国家产融合作平台获得便捷高效的金融服务。三是加快数据安全制度体系建设，细化明确政策要求。加强知识产权运用和保护，建立健全行业自律及监督机制，建立以技术实力、服务能力为导向的良性市场竞争环境。科学高效开展数据安全产业统计，健全产业风险监测机制，及时研判发展态势，处置突出风险，回应社会关切。加强教育引导，提升各类群体数据安全保护意识。

另一方面，要重视应用领域数据安全，强化物联网安全立法。我国是物联网第一大国。截至2022年8月底，移动物联网设备连接数量达到16.98亿台，设备连接量占全球比重超过70%。应用场景覆盖智能家居、智能采矿、智能交通、智慧医疗、车联网、可穿戴设备、环境监测、无线 ATM、车辆管理、电子广告、工业控制、视频监控（非接触式摄像头）等众多领域。党的二十大报告中提出，加快发展物联网。有理由相信，我国由物联网大国向强国迈进的步伐将会进一步加快。然而，由于物联网应用范围广、直接暴露于公网、安全防护等级低等特征，物联网安全问题日趋严重。与互联网络虚拟空间不同，物联网是现实世界的真实存在，物联网一旦受到攻击，将会直接影响国家的正常运转和人们的生产生活，严重时甚至危及生命财产安全。我国目前尚未针对物联网专门立法，现有法律由于不同立法目的和功能定位，导致物联网安全的规范缺乏针对性、全面性和系统性。已实行的国家规范除个别领域属强制性规范外，多数为推荐性规范，缺乏强制执行力，难以应对日趋复杂的物联网安全问题。加之，物联网安全不同于互联网，安全风险的承担者不是设备制造商而是用户，因此设备制造商关心的重点是产品质量和成本，并不会主动关注网络安全问题。这一特点决定了只有在巨大的外部强制力作用下，设备制造商才可能有动力提高物联网设备的网络安全性能；同时专门立法还可以为物联网设备的设计、开发、生产、安全风险评估、问题产品召回，以及监管部门的执法权限、程序、救济等问题作出规定。针对物联网安全存在的突出问题，美国、欧盟、英国等均加快了立法进程。美国于 2020 年颁布了《物联网网络安全改进法案》和《加利福尼亚州的物联网网络安全法案》，欧盟于 2022 年 9 月 15 日发布了《网络弹性法案》，英国于 2021 年 11 月向议会提交了《产品安全和电信基础设施（PS-TI）法案》。鉴于物联网安全问题的严峻形势和我国物联网大国的地位，我国也应高度重视物联网安全并加快立法步伐，以法律形式强制物联网设备制造商、销售商履行网络安全义务。

（四）统筹发展与安全

新时代的数据安全是保障数字中国顺利推进的安全，是与经济社会发展相协调的安全，处理好数据安全与数据利用之间的关系是新时代数据安全法治化需要重点考量的问题。《数据安全法》提出了处理发展与安全关系的指导性原则，即"国家统筹发展和安全，坚持以数据开发利用和产业发展促进数据安全，以数据安全保障数据开发利用和产业发展"。在具体制度设计中，数据的分级分类保护制度、数据交易管理制度、实施大数据发展战略、推进数据基础设施建设、鼓励数据创新应用等，为数字中国建设和数字经济发展提供了基本法律遵循。然而，从《数据安全法》《个人信息保护》《网络安全法》的整体架构观察，立法的核心价值目标是安全，促进发展的制度规范明显不足，难以为数字中国建设和数字经济发展提供法律支撑。党的二十大报告提出，"高质量发展是全面建设社会主义现代化国家的首要任务"，"加快建设制造强国、质量强国、航天强国、交通强国、网络强国、数字中国"，"加快发展数字经济，促进数字经济和实体经济深度融合，打造具有国际竞争力的数字产业集群"，为我国新时代数字经济发展和数字中国建设指明了方向。中共中央、国务院印发的《数字中国建设整体布局规划》和《关于构建数据基础制度更好发挥数据要素作用的意见》进一步为数字中国建设和数字经济发展绘就了蓝图。在这一大背景下，如何将党和国家的政策法律化，使数字中国建设和数字经济发展在法治轨道上运行，实现与现有数据安全法律体系之衔接是新时代数据安全法治亟待解决的问题。

第二章

我国数据安全法治
发展历程与基本格局

一、我国数据安全法治建设的发展历程

我国的数据安全法治建设大致经历了建设初期"数据""安全"分离；以《中华人民共和国国家安全法》（下文简称《国家安全法》）、《网络安全法》出台为标志，"数据"与"安全"融合；党的二十大后，总体国家安全观不断丰富发展三个时期。

（一）"数据""安全"分离时期：早期立法中的"数据"与"安全"

"数据安全"是由"数据"和"安全"组合而成的复合词，这两个独立的词语也代表了早期数据安全的两大脉络。我国首次在规范性文件中使用"数据"一词始于1983年《中华人民共和国统计法》（下文简称《统计法》），其中第五条规定"国家有计划地加强统计计算和数据传输技术的现代化建设"，第六条第二款规定"各部门、各单位的领导人对统计机构和统计人员依照本法和统计制度提供的统计资料，不得修改；如果发现数据计算或者来源有错误，应当责成统计机构、统计人员和有关人员核实订正"。1983年《统计法》的"数据"条款一方面说明了我国不仅较早在立法中使用了"数据"概念，也同时对数据的准确性提出了要求，

可以看作数据安全的萌芽。另一方面，1983年《统计法》
中的数据指的是"统计数据"，确保数据正确的目的是"保
障统计资料的准确性和及时性"。也就是说，《统计法》中的
数据既非独立的法律概念，指涉的对象也主要不是供计算机
处理、流通于网络中的电子数据。这一现象在其他包含"数
据"概念的立法中非常常见，且一直延续至今。在国家法律
法规数据库输入"数据"一词共能搜索出173部全国性法律
法规中包含"数据"一词，除《中华人民共和国民法典》
（下文简称《民法典》）、《数据安全法》、《中华人民共和国
电子商务法》（下文简称《电子商务法》）等少数外，其他
多数法律法规都仍在技术用词层面使用"数据"。例如，《中
华人民共和国噪声污染防治法》第三十八条规定"实行排污
许可管理的单位应当按照规定，对工业噪声开展自行监测，
保存原始监测记录，向社会公开监测结果，对监测数据的真
实性和准确性负责"，《中华人民共和国邮政法》第四十条第
二款规定"邮政企业应当根据国务院价格主管部门、国务院
财政部门和国务院邮政管理部门的要求，提供准确、完备的
业务成本数据和其他有关资料"，都不是在法律概念层面使
用"数据"。我国较早地将数据作为保护对象的规范性文件
是1994年出台的《中华人民共和国计算机信息系统安全保
护条例》，其中第十五条规定"对计算机病毒和危害社会公

共安全的其他有害数据的防治研究工作，由公安部归口管理"。在随后出台的其他法律文件中，也有将数据作为保护对象的规定，如《中华人民共和国治安管理处罚法》第二十九条规定："有下列行为之一的，处五日以下拘留；情节较重的，处五日以上十日以下拘留……（三）违反国家规定，对计算机信息系统中存储、处理、传输的数据和应用程序进行删除、修改、增加的。"但总体而言，针对数据进行保护或规制的法律条文零散分布于各法律法规中，彼此间缺乏体系性和融贯性，难以对数据安全施以周全保护。

数据安全立法演进的另一条脉络是与"安全"相关的立法，限于研究对象，笔者仅对涉及国家安全的安全立法进行简要梳理，其他安全法此处不予讨论。有学者在梳理我国国家安全立法脉络后指出，党的十八大之前我国国家安全立法进程大致可分为三个阶段：第一阶段为国家安全法制初创与曲折发展时期（1949—1978），以国防建设和政权安全为出发点，标志性事件是1954年《中华人民共和国宪法》（下文简称《宪法》）以国家最高立法形式确定了维护国家安全的责任主体和主要任务。第二阶段为国家安全法制形成时期（1978—1993）。这一阶段，党和国家以邓小平同志的国家安全思想为理论指导，以政治安全、军事安全和经济安全为核心，加快了国家安全立法工作速度。至1993年，以《宪法》

为统率，以《国家安全法》（1993）为核心，以《中华人民共和国兵役法》（下文简称《兵役法》）、《中华人民共和国国防法》、《中华人民共和国保守国家秘密法》（下文简称《保守国家秘密法》）等法律为基础，以《中华人民共和国刑法》为保障的国家安全法律制度体系已初步形成。这一阶段的标志性事件是1993年《国家安全法》的出台。1993年《国家安全法》是我国第一部国家安全领域的专门立法，该法第四条规定："本法所称危害国家安全的行为，是指境外机构、组织、个人实施或者指使、资助他人实施的，或者境内组织、个人与境外机构、组织、个人相勾结实施的下列危害中华人民共和国国家安全的行为：（一）阴谋颠覆政府，分裂国家，推翻社会主义制度的；（二）参加间谍组织或者接受间谍组织及其代理人的任务的；（三）窃取、刺探、收买、非法提供国家秘密的；（四）策动、勾引、收买国家工作人员叛变的；（五）进行危害国家安全的其他破坏活动的。"可以看出，1993年《国家安全法》将维护国家安全的重点任务界定为反间防谍，这也符合当时我国国家安全所面临的主要威胁。第三阶段是国家安全法制完善时期（1993—2012）。这一阶段我国国家安全战略思想进一步深化发展，标志性事件是国务院新闻办于2011年9月6日发布的《中国的和平发展》白皮书，明确提出"中国倡导互信、互利、平等、协作的新安全观"。在国家安全法治建设方面,《兵役法》《保守国家秘密法》等法律的修改和制定,标志着中国特色社会主义国家安全法律体系形成。

通过上述梳理可以看出,数据安全立法的早期大体呈现出"数据的归数据,安全的归安全"的基本样貌:含有"数据"一词的法律条文多将数据作为技术用词用以与其他词语组合表达规范含义,将数据作为保护对象的立法相对零散而不成系统。另一方面,针对"安全"(主要是指国家安全)的立法将视线集中于狭义的国家安全,以反间防谍作为其主要内容,并未对国家安全的各个领域和维度进行总体性保护。

(二)"数据""安全"融合时期:总体国家安全观下的数据安全

数据安全法治进程的第二个阶段是"数据""安全"融合时期,标志是新《国家安全法》和《网络安全法》的出台。在这一时期,原本分属数据和国家安全的法律规范在总体国家安全观的统辖下实现了合流,数据安全正式成为国家安全的有机组成部分和重点安全关切。

总体国家安全观的提出以百年未有之大变局为时代背景。新一轮科技革命的推进加快重塑世界步伐,经济全球化持续发展推进全球治理变革,世界多极化稳步推进使国际力量趋向平衡,文明交流互鉴强化世界多元。百年未有之大变局带来了国家安全风险的深刻变革,以数据安全风险为代表的非传统安全风险正在日益威胁国家安全。为应对日益复杂严峻的国家安全风险态势,在新时代继续筑牢国家安全坚强防线十分重要。习近平总书记在中央国家安全委员会第一次会议上首次提出总体国家安全观。习近平总书记指出,当前我国国家安全内涵和外延比历史上任何时候都要丰富,时空领域比历史上任何时候都要宽广,内外因素比历史上任何时候都要复杂,必须坚持总体国家安全观,以人民安全为宗旨,以政治安全为根本,以经济安全为基础,以军事、文化、社会安全为保障,以促进国际安全为依托,走出一条中国特色国家安全道路。

国家安全指导思想的革新推动了国家安全法治进程的发展。2014年11月1日,第十二届全国人大常委会第十一次会议审议通过了《中华人民共和国反间谍法》(下文简称《反间谍法》),1993年《国家安全法》相应废止。从内容上看,《反间谍法》与1993年《国家安全法》存在较为明显的继承关系。2015年7月1日,第十二届全国人民代表大会常务委员会第十五次会议通过,中华人民共和国主席令第29号公布《中华人民共和国国家安全法》,自公布之日起施行。前后两个版本《国家安全法》更迭的罕见现象直接表明了我国国家安全指导思想的重大变革，国家安全由传统的反间防谍演变为以总体国家安全观"五大要素""五对关系""十个坚持"为基本内涵的系统性、整体性、全面性、综合性、全局性、多向性理论体系，并直接体现在新《国家安全法》中。作为维护国家安全的综合性、全局性、基础性的法律，《国家安全法》以法律的形式确定了我国维护国家安全的目标、纲领、任务、手段。其中第二十五条规定"国家建设网络与信息安全保障体系，提升网络与信息安全保护能力，加强网络和信息技术的创新研究和开发应用，实现网络和信息核心技术、关键基础设施和重要领域信息系统及数据的安全可控；加强网络管理，防范、制止和依法惩治网络攻击、网络入侵、网络窃密、散布违法有害信息等网络违法犯罪行为，维护国家网络空间主权、安全和发展利益"，对数据安全领域维护国家安全的任务进行了顶层设计，这也是《国家安全法》的一大亮点。

《国家安全法》对维护网络和数据安全提出了明确要求，同时也将数据安全法治建设推上了快车道。党的十八大以来，以习近平同志为核心的党中央从总体国家安全观出发，就网络安全问题提出了一系列新思想、新观点、新论断，对加强国家网络安全工作作出重要部署。广大人民群众十分关注网络安全，强烈要求依法加强网络空间治理，规范网络信息传播秩序，惩治网络违法犯罪，使网络空间清朗起来。为适应国家网络安全工作的新形势、新任务，落实党中央的要求，回应人民群众的期待，第十二届全国人大常委会将制定网络安全方面的立法列入了立法规划、年度立法工作计划。2014年上半年，全国人大常委会法制工作委员会组成工作专班，起草《中华人民共和国网络安全法（草案）》，并于2015年6月由全国人大常委会委员长会议提请全国人大常委会进行审议。2016年11月7日，全国人大常委会审议通过《中华人民共和国网络安全法》。

《国家安全法》宣告了从国家安全角度保护数据安全的必要性和合理性，《网络安全法》则为数据在虚拟空间中的运行搭建起了基础性的规则框架。然而，《网络安全法》旨在对网络信息通信服务的安全稳定建章立制，并非针对数据安全的专门性立法，难以应对大数据、区块链、云计算、人工智能等新技术、新业态带来的数据安全新问题。另一方面，欧盟《一般数据保护条例》（General Data Protection Regulation）的出台带动了世界范围内的数据立法浪潮，各国纷纷基于本国数字经济发展战略和数据安全保护需要出台专门的数据安全相关法律法规，并以此为基础积极对外输出制度影响力，抢占全球数据治理规则制高点。有鉴于此，出台一部专门的《数据安全法》迅速成为立法机关、学术界和实务部门的共识。2018年9月7日，第十三届全国人大常委会将《数据安全法》作为第一类项目（条件比较成熟、任期内拟提请审议的法律草案）。同年10月，全国人大常委会法制工作委员会同有关方面成立工作专班，抓紧草案研究起草工作，形成了《中华人民共和国数据安全法（草案）》。在反复审议和商讨后，《数据安全法》于2021年6月10日正式出台，自同年9月1日起施行。2021年8月20日，第十三届全国人大常委会第三十次会议表决通过《中华人民共和国个人信息保护法》，同年11月1日起施行。自此，我国数据安全法律体系主体框架基本成型。

（三）党的二十大报告中的"数据安全"：数据安全法治建设进入新阶段

总体国家安全观是不断丰富发展的科学理论体系，习近平总书记2014年首次提出总体国家安全观时，涉及到政治安全、国土安全、军事安全、经济安全、文化安全、社会安全、科技安全、信息安全、生态安全、资源安全、核安全11个领域。随着对国家安全理论的认识深化和对国家安全形势的研判修正，国家安全重点领域的范围不断扩充，目前已包括20个领域。党的二十大报告中强调，要"强化国家安全工作协调机制，完善国家安全法治体系、战略体系、政策体系、风险监测预警体系、国家应急管理体系，完善重点领域安全保障体系和重要专项协调指挥体系，强化经济、重大基础设施、金融、网络、数据、生物、资源、核、太空、海洋等安全保障体系建设"，明确了继续强化数据安全体制机制建设的重要性，也宣告我国数据安全管理进入落地实施阶段。《国家安全法》《数据安全法》《个人信息保护法》等主干法律出台之后，网信、工信、公安等传统涉及网络安全管理部门依职责纷纷推动配套立法，落实顶层法律中的数据安全管理规定。上海、深圳、海南等13个省市已制定本地区数据发展条例，探索数据要素流动共享安全规则。在数据安全监管方面，网信、公安、市场监管等部门普遍以专项行动为牵引，持续加大对APP违法违规收集使用个人信息、数据非法获取和交易、大数据"杀熟"等重点热点问题的整治力度。可以预见，在贯彻落实党的二十大报告对加强数据安全保护的部署过程中，我国数据安全法治建设将持续深化，数据安全保护水平将进一步提升。

二、我国数据安全法治体系的基本格局

截至目前，我国数据安全法治体系建设形成了由顶层设

计到细节支撑的基本格局。

（一）《国家安全法》：数据安全法治体系的顶层设计

《国家安全法》第二十五条规定了维护网络和信息安全四个方面的任务：第一，国家建设网络与信息安全保障体系，提升网络与信息安全保护能力。这是维护网络与信息安全的总体要求，也是其他维护网络与信息安全具体举措希望实现的核心目标。具体而言，网络与信息安全保障体系可以包括网络与信息安全战略体系、政策体系、法治体系、风险监测预警体系、国家应急管理体系，以及重点领域安全保障体系和重要专项协调指挥体系。网络与信息安全保护能力则包括网络与信息安全基础支撑能力、网络与信息安全法律保障能力、网络舆情驾驭能力、网络信息安全国际影响力、网络与信息安全教育和人才培养能力等。需要注意的是，加强网络与信息安全保障体系和能力建设并非单纯旨在提升网络与信息安全技术水平和管理能力，而是着眼于维护国家安全的整体任务和要求，以总体国家安全观为理论指引渐次展开的系统工程，是党的二十大报告中"健全国家安全体系""增强维护国家安全能力"的有机组成部分。

第二，加强网络与信息安全技术研发应用，实现安全可控。若欲从根本上实现国家网络与信息领域的高水平安全，就必须将国家网络安全的"命脉"牢牢掌握在自己手里。因此，实现网络与信息安全技术的安全可控是具有战略性和全局性意义的重要任务，这也正是《国家安全法》第二十五条中专门强调"加强网络与信息安全技术研发运用"的根本原因。根据《信息通信网络与信息安全规划（2016—2020）》，网络与信息安全技术研发相关任务主要包括三个方面：一是全面提升网络与信息安全技术保障水平，从优化信息安全技术保障、强化网络安全保障、加快推进网络与信息安全核心技术攻关与突破三个方面展开。二是加快构建网络基础设施安全保障体系，主要涵盖深入推进网络基础设施安全防护、提升网络基础设施安全可控水平、加强网络安全态势感知能力建设、强化互联网网络安全威胁治理四方面内容。三是大力强化网络数据和用户信息保护，重点从建立网络数据安全管理体系、强化用户个人信息保护、建立完善数据与个人信息泄露公告和报告机制三个方面展开。

第三，加强网络监督管理，防范和处置网络违法犯罪行为。随着虚拟空间与物理空间深度叠加嵌合的程度持续加深，网络空间中的违法犯罪行为逐渐成为危害经济社会健康稳定发展和人民安居乐业的新的风险源。其中，出现频率高、影响范围广、社会危害性大的违法犯罪行为除威胁自然人的人身财产安全外，还有可能对我国的网络安全和国家安全产生深度影响。例如，非法的数据跨境流动除可能大幅度提升数据泄露风险、危害数据主体和其他利益相关方的合法权益，还可能损害我国的数据主权和数据安全，进而对我国的国家安全造成隐患。因此，加强网络监督管理，防范和处置网络违法犯罪行为被《国家安全法》确定为维护网络安全和国家安全的重要任务之一。为此，我国先后在刑法修正案七、刑法修正案九、刑法修正案十一等修正案中规定了非法侵入计算机信息系统罪、非法获取计算机信息系统数据罪、侵犯公民个人信息罪、非法利用信息网络罪、拒不履行信息网络安全管理义务罪等罪名，为网络安全构建起了较为完善的刑法屏障。除此之外，《数据安全法》《网络安全法》《个人信息保护法》中也规定了网络服务提供者、信息和数据处理者的相应行政义务和法律责任，有效降低了网络违法行为的发生频率和损失，维护了我国的网络安全和国家安全。新安全格局下，我国网络监督管理体制机制将进一步完善，网络违法犯罪行为将得到更加有效的遏制。

第四，维护国家网络空间主权。网络主权是国家主权在网络空间的自然延伸，是一国基于国家主权对本国境内的网络设施、网络主体、网络行为及相关网络数据和信息等所享有的最高权和对外独立权。通常认为网络主权具体包括四个维度的基本权利：一是独立权，指主权国家可以独立建设网

络基础设施、处理网络事务，免受他国干涉的权利。二是平
等权，即各国在相互尊重主权的前提下以平等协商的方式开
展跨界网络活动，不受管辖制约的权力。三是自卫权，指主
权国家采取自卫措施，保护本国网络免受攻击和威胁的权
利。四是管辖权，指主权国家对本国领土范围内的网络基础
设施和网络活动实施管理的权力。早在 2003 年，联合国信
息社会世界峰会通过的《日内瓦原则宣言》就提出"互联网
公共政策的决策权是各国的主权"，此后维护网络空间主权
就成为了国际社会广泛承认的网络空间治理基本原则，世界
各国也在纷纷通过立法、行政、司法等实践活动行使网络主
权。2020 年 9 月 8 日，中方在"抓住数字机遇，共谋合作发
展"国际研讨会上提出《全球数据安全倡议》，强调各方应
在相互尊重基础上，加强沟通交流，深化对话与合作，共同
构建和平、安全、开放、合作、有序的网络空间命运共同
体。其中，部分倡议明确涉及网络空间主权，例如"各国反
对利用信息技术破坏他国关键基础设施或窃取重要数据，以
及利用其从事危害他国国家安全和社会公共利益的行为"，
"各国承诺采取措施防范、制止利用网络侵害个人信息的行
为，反对滥用信息技术从事针对他国的大规模监控、非法采
集他国公民个人信息"，"各国应要求企业严格遵守所在国法
律，不得要求本国企业将境外产生、获取的数据存储在境

内"，"各国应尊重他国主权、司法管辖权和对数据的安全管理权，未经他国法律允许不得直接向企业或个人调取位于他国的数据"，等等。

总体而言，《国家安全法》从顶层设计的高度确定了维护网络与信息安全的总体任务，并从四个方面为维护网络与信息安全勾勒出"路线图"。在《国家安全法》统辖下，《网络安全法》《个人信息保护法》《数据安全法》相继出台，构建起我国数据安全法治体系的"四梁八柱"。

（二）《网络安全法》《个人信息保护法》《数据安全法》：数据安全法治体系的"四梁八柱"

1.《网络安全法》

《网络安全法》是总体国家安全观提出后我国第一部对网络空间法律行为和法律关系进行调整规范的专门性法律。《网络安全法》集中体现了网络空间各利益相关方普遍关心的问题，确定了网络建设、运营、维护和使用，以及网络安全监管等多项法律规范和制度，这些规范和制度相互影响、相互作用、相互协调，形成了一个维护网络空间主权和国家安全的闭环系统。通过这些法律规范及制度，《网络安全法》确定了相关法定机构对网络安全的保护和监管职责，明确了网络运营者应履行的安全义务，平衡了涉及国家、企业、公民等多元主体的网络权利与义务关系等，形成了以法律为根本治理基础的网络治理模式。

《网络安全法》共7章、79条，主要内容介绍如下：

一是总则部分。《网络安全法》第一条开宗明义，规定"为了保障网络安全，维护网络空间主权和国家安全、社会公共利益，保护公民、法人和其他组织的合法权益，促进经济社会信息化健康发展，制定本法"，明确了保障网络安全和维护国家安全的立法目标，充分说明了《网络安全法》属于以《国家安全法》为母法和基本法的国家安全法律体系序列。此外，该条还明确将维护网络空间主权作为《网络安全法》的基本目标之一，既是对全球互联网发展治理"四项原则"中的"尊重网络主权原则"的法律转化，也是对《国家安全法》第二十五条"维护国家网络空间主权"的延续和细化。《网络安全法》第二条规定"在中华人民共和国境内建设、运营、维护和使用网络，以及网络安全的监督管理，适用本法"，即为网络空间主权原则的反映。总则部分的其他条款是对《网络安全法》所涉及的其他宏观性、原则性事项进行了概括规定，如第三条规定了网络安全与信息化发展并重原则，第四条规定了国家网络安全战略，第五条规定了国家维护网络安全的总体任务，等等。

　　二是网络安全的支持与促进。这一部分主要是对国家维护和促进网络安全义务的宣示性规定，包含了制定网络安全标准、支持网络安全技术和产业发展、建设网络安全社会化服务体系、促进数据资源开发利用、开展网络安全宣传教育、推进网络安全人才培养等内容。

　　三是保障关键基础设施安全。鉴于公共通信和信息服务、能源、交通、水利、金融、公共服务、电子政务等重要行业和领域的关键信息基础设施一旦遭到破坏、丧失功能或者数据泄露，极有可能严重危害国家安全和公共利益，《网络安全法》在第三章专门规定了关键信息基础设施的重点保护制度，分别对政府和关键信息基础设施运营者提出了具体要求。就政府而言，负责关键信息基础设施安全保护工作的部门需分别编制并组织实施本行业、本领域的关键信息基础设施安全规划，指导和监督关键信息基础设施运行安全保护工作。国家网信部门还应当统筹协调有关部门对关键信息基础设施的安全风险进行抽查检测并提出改进措施，定期组织关键信息基础设施的运营者进行网络安全应急演练，促进有关部门和机构之间的网络安全信息共享，以及为网络安全事件的应急处置与网络功能的恢复提供技术支持和协助。就关键信息基础设施运营者而言，其主要需履行四个方面的义务：设置专门安全管理机构和安全管理负责人；定期对从业人员进行网络安全教育、技术培训和技能考核；对重要系统和数据库进行容灾备份；制定网络安全事件应急预案。

四是保障网络信息安全。这包括两个方面：个人信息保护；其他网络信息的安全保障。在个人信息保护方面，《网络安全法》主要吸收了2012年全国人大常委会《关于加强网络信息保护的决定》的相关内容，规定了个人信息处理的合法、正当、必要原则，"告知—同意"规则，网络运营者的个人信息安全保护义务等。上述规定又在随后出台的《个人信息保护法》中得到进一步强化。在其他网络信息的安全保障方面，《网络安全法》规定了网络实名制、网络运营者的非法信息处置义务、网络运营者协助有关部门依法维护国家安全和侦查犯罪的义务、有关部门处置违法信息的权利等。

五是监测预警与应急处置。围绕加强网络安全体系能力建设，《网络安全法》主要规定了四项制度：网络安全监测预警和信息通报制度，旨在加强网络安全信息收集、分析和情况通报工作；关键信息基础设施的行业性、领域性网络安全监测预警和信息通报制度，旨在加强关键信息基础设施的网络弹性；网络安全风险评估和应急工作机制，按照事件发生后的危害程度、影响范围等因素对网络安全事件进行分级，并规定相应的应急处置措施；出现重大网络安全风险和网络安全事件时的临时处置机制，包括发布网络安全风险预警、约谈当事人，以及在必要时期限制网络通信等。

六是法律责任。《网络安全法》关切的是网络信息通信服务的持续稳定，因而在法律类责任方面既涵盖了不履行网络基础设施安全义务的法律责任，如《网络安全法》第六十五条规定"关键信息基础设施的运营者违反本法第三十五条规定，使用未经安全审查或者安全审查未通过的网络产品或者服务的，由有关主管部门责令停止使用，处采购金额一倍以上十倍以下罚款；对直接负责的主管人员和其他直接责任人员处一万元以上十万元以下罚款"；也包括了违反网络运行和信息安全义务的法律责任，如第六十二条规定"违反本法第二十六条规定，开展网络安全认证、检测、风险评估等活动，或者向社会发布系统漏洞、计算机病毒、网络攻击、网络侵入等网络安全信息的，由有关主管部门责令改正，给予警告"。需要注意的是，2022年9月14日，国家网信办就《网络安全法》的首次修改公开征求意见，主要针对法律责任部分进行了调整，将处罚金额与营业额挂钩，并且增加了从业禁止处罚，大幅提升了对违法人员和企业的威慑力，并与《数据安全法》《个人信息保护法》形成了良好衔接。

2.《个人信息保护法》

2021年8月20日，第十三届全国人大常委会第三十次会议审议通过了《中华人民共和国个人信息保护法》，并于同年 11 月 1 日起施行。这标志着在国家层面对个人信息保护问题作出重大基础性法律制度安排。《个人信息保护法》外引域外立法智慧，内接本土实务经验，熔"个人信息权益"的私权保护与"个人信息处理"的公法监管于一炉，统合私主体和公权力机关的义务与责任，兼顾个人信息保护与利用，奠定了我国网络社会和数字经济的法律之基。《个人信息保护法》的颁布实施，在个人信息保护方面形成了更加完备的制度、提供了更有力的法律保障，极大地加强我国个人信息保护的法制保障。《个人信息保护法》以严密的制度、严格的标准、严厉的责任规范个人信息处理活动，规定了完备的个人在个人信息处理活动中的权利，全方位落实各类组织、个人等个人信息处理者的义务与责任，有力地维护了网络空间良好生态，满足人民日益增长的美好生活需要。

《个人信息保护法》共 8 章、74 条，从一般规定和个人信息处理规则、个人信息跨境提供的规则、个人在个人信息处理活动中的权利、个人信息处理者的义务、履行个人信息保护职责的部门、法律责任等方面对个人信息保护作了全面规定。《个人信息保护法》的主要制度、亮点和创新点如下：

一是《个人信息保护法》的立法目的和适用范围。《个人信息保护法》第一条规定了立法目的为"保护个人信息权益，规范个人信息处理活动，促进个人信息合理利用"，采取首重保护、兼顾利用的立场。适用范围分为两个方面：在调整对象上，《个人信息保护法》第四条规定"个人信息是以电子或者其他方式记录的与已识别或者可识别的自然人有关的各种信息，不包括匿名化处理后的信息。个人信息的处理包括个人信息的收集、存储、使用、加工、传输、提供、公开、删除等"，涵盖了个人信息处理全流程。需要注意的是，根据该法第七十二条、第七十五条之规定，经过匿名化处理且无法复原的个人信息不属于个人信息，因而不在本法调整范围之内，自然人因个人或者家庭事务处理个人信息同样不适用本法。在管辖范围上，本法第三条第一款规定"在中华人民共和国境内处理自然人个人信息的活动，适用本法"，确定了属地管辖的原则；第二款规定"在中华人民共和国境外处理中华人民共和国境内自然人个人信息的活动，有下列情形之一的，也适用本法：（一）以向境内自然人提供产品或者服务为目的；（二）分析、评估境内自然人的行为；（三）法律、行政法规规定的其他情形"，适当拓展了域外适用的范围。

二是《个人信息保护法》的处理原则。第五条至第十条则规定了个人信息处理的各项原则。其中第五条规定了合法、正当、必要和诚信原则作为所有原则的总原则，不得通过误导、欺诈、胁迫等方式处理个人信息，与《网络安全法》及《民法典》的规定保持一致，且整体更为完善。第六条规定了目的明确与最小化原则，处理个人信息应当具有明确、合理的目的，并应当与处理目的直接相关。第七条规定了公开、透明原则，要求公开个人信息处理规则，明示处理的目的、方式和范围。第八条规定了信息质量原则，确保个人信息准确完整。第九条规定了安全责任原则，要求个人信息处理者应当采取必要措施保障所处理的个人信息的安全，为后续规定个人信息处理者的义务提供了正当性依据。第十条规定了依法处理个人信息的原则。

三是个人信息处理的一般规则。《个人信息保护法》第二章规定了以"告知—同意"为核心的个人信息处理一系列规则。其中，第十三条第一款规定了处理个人信息的七种合法性事由。第二款规定"依照本法其他有关规定，处理个人信息应当取得个人同意，但是有前款第二项至第七项规定情形的，不需取得个人同意"，明确了"告知—同意"的一般适用范围。为保障"告知—同意"机制的顺利运行，第十七条规定个人信息处理者在处理个人信息前，应当以显著方式、清晰易懂的语言真实、准确、完整地向个人告知重要事项，与第十三条一同形成了完整的"告知—同意"框架。围绕这一框架，本法设置了一系列个人信息处理规则，如第十五条规定了个人可撤回同意的规则，第十六条规定个人信息处理者不得以个人不同意或撤回同意处理其个人信息为由拒绝提供产品或者服务，第二十二条规定个人信息处理者因合并、分立、解散、被宣告破产等原因需要转移个人信息的，应当向个人告知接收方的名称（姓名）和联系方式，接收方变更原先的处理目的、处理方式的，应当依照本法规定重新取得个人同意。此外，针对处理敏感个人信息，则规定了更为严格的单独同意规则与告知特别规定事项。第二十四条、第二十六条还针对个人信息自动化决策、在公共场所安装图像采集或个人身份识别设备作了专门规定，体现了我国《个人信息保护法》的回应性特征。

四是个人信息跨境提供和本地化规则。个人信息的跨境流通不仅是影响个人信息安全的重要因素，更可能对我国的国家安全造成影响。《个人信息保护法》主要从网络安全和数据主权出发，在第三十八条规定了向境外提供个人信息的四种条件，以及特定情况下的数据本地化要求，即关键信息基础设施运营者和处理个人信息达到国家网信部门规定数量的个人信息处理者，应当将在中华人民共和国境内收集和产生的个人信息存储在境内。总体而言，《个人信息保护法》中规定的个人信息跨境流通和本地化规则相较于域外立法更加严格。此外，第四十一条、第四十二条和第四十三条还分别对出于司法协助需要向境外提供个人信息，为维护国家安全与发展利益、公共利益和个人利益时可采取的措施等情形作了相应规定。

五是个人在个人信息处理中的权利。这部分内容集中规定于《个人信息保护法》第四章。相较于欧盟《一般数据保护条例》（访问权、更正权、删除权、限制处理权、可携带权、反对自动化决策权）和美国加州《加州消费者隐私法案》（California Consumer Privacy Act）（知情权、删除权、拒绝出售权、信息传输权）对信息主体权利的规定，《个人信息保护法》不仅将前述"告知—同意"框架提炼为知情权、决定权，还在第四十五条至第四十九条赋予了信息主体以查阅权、复制权、信息转移权（可携带权）、更正权、补充权、删除权、规则解释说明权等一系列权利。在权利内容上，《个人信息保护法》的规定更加丰富，例如查阅权范围涵盖了个人信息处理者的名称（姓名）和联系方式；个人信息的处理目的、处理方式，处理的个人信息种类、保存期限；个人行使本法规定权利的方式和程序；法律、行政法规规定应当告知的其他事项。此外，第四十九条规定了近亲属对死者个人信息行使权利的规定，这是《个人信息保护法》的亮点之一。除死者另有安排外，其近亲属为了自身的合法、正当利益，可以对死者的相关个人信息行使规定的查阅、复制、更正、删除等权利。这一设计的目的在于维护死者近亲属的合法权益，体现了《个人信息保护法》的人文关怀和时代精神。为了便于个人实现规定的各项权利，第五十条还规定了个人信息处理者应当为个人行使权利建立便捷的申请受理和处理机制。个人信息处理者拒绝个人行使权利的请求的，个人可以依法向人民法院提起诉讼。

六是信息处理者的义务。《个人信息保护法》第五章规定了信息处理者在个人信息处理活动中所需遵循的诸义务，主要包括：其一，个人信息安全保障义务和补救。《个人信息保护法》第五十一条规定了个人信息处理者应当采取必要措施确保个人信息安全，并对相应的措施作了列举。第五十二条规定了处理个人信息达到国家网信部门规定数量的个人信息处理者应当指定个人信息保护负责人，负责对个人信息处理活动以及采取的保护措施等进行监督，并公布个人信息保护负责人的联系方式。第五十四条规定了应当定期对其处理个人信息遵守法律、行政法规的情况进行合规审计。第五十九条还规定了接受委托处理个人信息的受托人采取必要措施保障所处理的个人信息的安全的义务。其二，平台型企业"守门人"义务。这一义务最先规定于欧盟《数字市场法》，主要从反垄断角度展开。我国《个人信息保护法》引入"守门人"概念，并将之迁移至个人信息保护领域，堪称此次立法的一大创举。根据本法第五十八条，提供重要互联网平台服务、用户数量巨大、业务类型复杂的个人信息处理者，须按照国家规定成立主要由外部成员组成的独立机构对个人信息保护情况进行监督，同时还需履行"守门人"义务，即大型互联网平台应当制定平台规则，明确平台内产品或者服务提供者处理个人信息的规范和保护个人信息的义务，在平台内产品或者服务提供者严重违反法律、行政法规处理个人信息时停止对其提供平台服务。其三，个人信息风险处置义务。根据《个人信息保护法》第五十七条规定，发生或者可能发生个人信息泄露、篡改、丢失的，个人信息处理者应当立即采取补救措施，并通知履行个人信息保护职责的部门和个人。

七是针对个人信息行政监管机构的系列规定。本法第六十条规定了履行个人信息保护职责的部门。其中国家网信部门负责统筹协调个人信息保护工作和相关监督管理工作，国务院有关部门依照本法和有关法律、行政法规的规定，在各自职责范围内负责个人信息保护和监督管理工作；而县级以上地方人民政府有关部门的个人信息保护和监督管理职责，按照国家有关规定确定。由此建立了由国家网信部门负责统筹协调的，从中央到地方的，多层级、宽领域的监督管理体系。在具体职责上，第六十一条列举了五项职责，包括"（一）开展个人信息保护宣传教育，指导、监督个人信息处理者开展个人信息保护工作；（二）接受、处理与个人信息保护有关的投诉、举报；（三）组织对应用程序等个人信息保护情况进行测评，并公布测评结果；（四）调查、处理违法个人信息处理活动；（五）法律、行政法规规定的其他职责"。同时，第六十二条列举了由国家网信部门统筹协调有关部门依据本法推进的具体个人信息保护工作，如制定个人信息保护具体规则、标准以及支持研究开发和推广相关技术和公共服务。为开展调查、处理违法个人信息处理活动，第六十三条规定了履行个人信息保护职责的部门可采取的措施。第六十五条与第六十一条第二项相呼应，对其作了细化规定。此外，值得注意的是，第六十一条明确赋予履行个人信息保护职责的部门组织对应用程序等个人信息保护情况进行测评，并公布测评结果的权利。这是对实践中APP过度或违法采集个人信息、滥用个人信息侵害个人权益现象的回应。

八是违反《个人信息保护法》的法律责任。本法第七章规定了各类法律责任，包括民事责任、行政责任，并在第七十一条中通过设置引致条款的方式，将违反个人信息保护的行为纳入治安管理处罚和刑事责任的规范。对于违反本法规定处理个人信息，或者处理个人信息未履行本法规定的个人信息保护义务的，第六十六条规定，由履行个人信息保护职责的部门责令改正，给予警告，没收违法所得，对违法处理个人信息的应用程序，责令暂停或者终止提供服务；

拒不改正的，并处一百万元以下罚款；对直接负责的主管人员和其他直接责任人员处一万元以上十万元以下罚款。对于情节严重的，除责令改正，没收违法所得，吊销相关证照，处罚相关人员之外，对个人信息处理者的罚款金额可达到五千万元以下或者上一年度营业额百分之五以下罚款。在举证责任方面，本法第六十九条规定"处理个人信息侵害个人信息权益造成损害，个人信息处理者不能证明自己没有过错的，应当承担损害赔偿等侵权责任"，通过设置过错推定责任显著降低了受害者的举证负担。对于个人信息处理行为同时侵犯众多个人权益的，第七十条还创新性地引入了公益诉讼制度，规定人民检察院、法律规定的消费者组织和由国家网信部门确定的组织可以作为适格主体依法向人民法院提起诉讼。此外，第六十七条还规定了失信约束的责任形式，第六十八条则对国家机关不履行本法规定的个人信息保护义务时的责任作了相应规定。

3.《数据安全法》

随着信息技术和人类生产生活交汇融合，各类数据迅猛增长、海量聚集，对经济发展、社会治理、人民生活都产生了重大而深刻的影响。数据已经成为基础性、战略性生产要素，数据安全已经成为事关国家安全与经济社会发展的重大问题。2021年9月1日正式实施的《中华人民共和国数据安全法》是中国实施数据安全监督和管理的一部基础性法律，是兼顾发展与安全，深入、全面的数据安全保护法律规范，不仅关注了与数据安全保护息息相关的重大问题，同时也阐明了数据安全与发展的关系，明确了未来数据治理的方向，展示了数据安全保护的"中国方案"。从"安全"角度来看，《数据安全法》与《网络安全法》《国家安全法》等法律同属保护法谱系，"安全"构成了上述法律的核心追求。但与其他安全法往往致力于维护传统安全不同的是，《数据安全法》将视野聚焦于新型安全中的数据安全。

《数据安全法》共7章、55条，包括了总则、数据安全与发展、数据安全制度、数据安全保护义务、政务数据安全与开放、法律责任和附则。对其主要内容介绍如下：

一是国家在《数据安全法》中的角色定位和职责分工。数据是数字经济的命脉，是大数据时代的重要生产要素和重要战略资源，国家有必要也有责任通过公权力规范数据处理活动，推动《数据安全法》有序实施。《数据安全法》第三条规定"本法所称数据，是指任何以电子或者其他方式对信息的记录。数据处理，包括数据的收集、存储、使用、加工、传输、提供、公开等。数据安全，是指通过采取必要措施，确保数据处于有效保护和合法利用的状态，以及具备保障持续安全状态的能力"，将数据全类型、全周期、全领域纳入《数据安全法》的保护范围之内。第五条、第六条分别规定"中央国家安全领导机构负责国家数据安全工作的决策和议事协调，研究制定、指导实施国家数据安全战略和有关重大方针政策，统筹协调国家数据安全的重大事项和重要工作，建立国家数据安全工作协调机制"，"各地区、各部门对本地区、本部门工作中收集和产生的数据及数据安全负责"，确立了数据安全的"统一分"监管格局。第二章规定了国家关于数据安全与发展的诸项任务，包括了推进数字经济发展、通过开发利用数据提升公共服务的智能化水平、支持数据开发利用和数据安全技术研究、推进数据开发利用技术和数据安全标准体系建设、促进数据安全检测评估认证服务发展、支持民间机构开展协作、建立健全数据交易管理制度、支持开展数据开发利用技术和数据安全相关教育和培训等，彰显了国家对推动和完善数据法治建设的决心。

二是数据安全"内一外"双轮驱动规则架构。维护数据安全既是贯彻落实总体国家安全观，构建我国安全法律体系的必然要求，也是《数据安全法》所要解决的首要问题。对此，《数据安全法》构建起企业自主履责与政府积极监管的"内一外"双轮驱动规则架构，体现了国家维护数据安全的坚定态度。《数据安全法》第四章规定了数据处理者的合规义务主要包括三个方面：其一，数据依法处理义务。根据

《数据安全法》第二十七条规定，开展数据处理活动应当依照法律法规的规定，建立健全全流程数据安全管理制度，组织开展数据安全教育培训，采取相应的技术措施和其他必要措施，保障数据安全。利用互联网等信息网络开展数据处理活动，应当在网络安全等级保护制度的基础上，履行上述数据安全保护义务。重要数据的处理者还应当明确数据安全负责人和管理机构，落实数据安全保护责任。其二，遵守公序良俗义务。《数据安全法》第二十八条规定"开展数据处理活动以及研究开发数据新技术，应当有利于促进经济社会发展，增进人民福祉，符合社会公德和伦理"。其三，风险监测和评估义务。根据《数据安全法》第二十九条、第三十条，数据处理者在开展数据处理活动时应当加强风险监测，发现数据安全缺陷、漏洞等风险时，应当立即采取补救措施；发生数据安全事件时，应当立即采取处置措施，按照规定及时告知用户并向有关主管部门报告。重要数据的处理者还应当按照规定对其数据处理活动定期开展风险评估，并向有关主管部门报送风险评估报告。在数据安全审查方面，《数据安全法》第二十四条规定，国家建立数据安全审查制度，对影响或者可能影响国家安全的数据处理活动进行国家安全审查。数据安全审查制度赋予了国家对影响或者可能影响国家安全的数据活动进行安全审查的职责，其对象包括所

有影响或可能影响国家安全的数据处理活动，既包括线上的
数据处理活动，也包括线下的数据处理活动，涉及数据的收
集、存储、使用、加工、传输、提供、公开等各个环节。这
一制度可以理解为国家安全审查制度在数据领域的体现。

三是平衡安全与发展的数据安全制度设计。安全是发展
的前提，发展是安全的保障，安全和发展要同步推进。安全
与发展之于《数据安全法》犹如鸟之双翼，必须通过制度设
计求取平衡，不能顾此失彼。对此，《数据安全法》一方面
于第二十一条规定数据分类分级保护制度，根据数据在经济
社会发展中的重要程度，以及一旦遭到篡改、破坏、泄露或
者非法获取、非法利用，对国家安全、公共利益或者个人、
组织合法权益造成的危害程度等因素，采取分级分类保护。
其中关系国家安全、国民经济命脉、重要民生、重大公共利
益等数据属于国家核心数据，实行更加严格的管理制度，彰
显了《数据安全法》维护国家安全和网络空间主权的重要职
能。设置数据分类分级保护制度的意义在于在安全与效率间
求取平衡，避免一刀切的保护标准给数据处理者造成过重负
担，浪费社会资源。另一方面，政府是最大的数据拥有者、
收集者和处理者，如何保障政务数据安全、打通政务数据流
通壁垒是推动数字经济和数字社会发展的"必答题"。《数据安
全法》是国内首部对政务数据进行明确规定的法律，第五章集

中规定了政务数据安全与开放的相关内容。其中，第三十七条对政务数据质量提出科学性、准确性和时效性要求；第三十八条对政务数据的采集和使用作出合规性规定；第三十九条对建立政务数据安全管理制度作出强调；第四十条提出对政务数据加工、存储等外包服务要制定严格的审批流程；第四十一条和第四十二条提出政务数据开放的规范性要求。

四是兼顾自由流通与国家安全的数据跨境制度群。一方面，大数据时代的数据跨境流通日益频繁，"网络无国界"特征愈发明显，数据全球化成为推动全球经济发展的重要力量；另一方面，美国"棱镜门"事件殷鉴未远，必须切实意识到数据跨境流动可能对数据安全乃至国家安全构成重大威胁。为此，《数据安全法》规定了一系列制度，为我国数据安全、国家安全铸就锋利之"矛"，竖起坚固之"盾"。所谓"矛"，指的是《数据安全法》的域外适用和制裁反制制度。《数据安全法》不仅于第二条第一款规定"在中华人民共和国境内开展数据处理活动及其安全监管，适用本法"，通过属地原则将发生于中华人民共和国境内的数据处理及监管活动纳入本法调整范畴，还在第二款特别规定"在中华人民共和国境外开展数据处理活动，损害中华人民共和国国家安全、公共利益或者公民、组织合法权益的，依法追究法律责任"，以效果原则明确了《数据安全法》的域外适用，与世界各国立法趋势保持一致。在反制裁方面，第二十六条规定"任何国家或者地区在与数据和数据开发利用技术等有关的投资、贸易等方面对中华人民共和国采取歧视性的禁止、限制或者其他类似措施的，中华人民共和国可以根据实际情况对该国家或者地区对等采取措施"，赋予我国对来自境外的数据制裁实施反制的权利，保留了"反击"的主动权。所谓"盾"，指的是《数据安全法》的数据出口管制，重要数据出境安全管理，境外司法、执法机构调取数据报告批准三项制度。第二十五条规定"国家对与维护国家安全和利益、履行国际义务相关的属于管制物项的数据依法实施出口管制"，将《中华人民共和国出口管制法》（下文简称《出口管制法》）中的出口管制制度引入数据安全领域。第三十一条规定"关键信息基础设施的运营者在中华人民共和国境内运营中收集和产生的重要数据的出境安全管理，适用《中华人民共和国网络安全法》的规定；其他数据处理者在中华人民共和国境内运营中收集和产生的重要数据的出境安全管理办法，由国家网信部门会同国务院有关部门制定"。结合《网络安全法》第三十七条可知，关键信息基础设施的运营者因业务需要，确需向境外提供重要数据的，一般情况下应由国家网信部门会同国务院有关部门制定的办法进行安全评估，法律、行政法规另有规定的则从其规定。另一方面，对于其他数据处理者在境内运营中收集和产生的重要数据，目前可参考的相关规定是国家网信办于2022年发布的《数据出境安全评估办法》，其中第四条规定了四类重要数据出境时网络运营者应提交行业主管部门或监管部门进行安全评估的场景。境外司法或执法机构调取数据的报告批准制度规定于《数据安全法》第三十六条，该制度实际上是回应了近年来很多国家，包括美国《澄清境外数据合法使用法案》（Cloud Act）在内，不断扩大跨境数据调取权利的立法趋势，为我国数据安全提供了一定保障。

五是宽严相济、人本主义的法律责任体系。《数据安全法》的法律责任，主要包括了数据处理活动存在较大安全风险、数据处理者不履行数据安全保护义务或违反国家核心数据管理制度、违法向海外提供重要数据、违反本法规定给他人造成损害等；责任形式包括了民事赔偿，约谈、罚款、吊销执照等行政处罚，以及依法追究刑事责任等。比照《一般数据保护条例》相应规定可以发现，《数据安全法》的处罚措施并不严厉，例如第四十五条规定"开展数据处理活动的组织、个人不履行本法第二十七条、第二十九条、第三十条规定的数据安全保护义务的，由有关主管部门责令改正，给予警告，可以并处五万元以上五十万元以下罚款，对直接负责的主管人员和其他直接责任人员可以处一万元以上十万元

以下罚款；拒不改正或者造成大量数据泄露等严重后果的，
处五十万元以上二百万元以下罚款，并可以责令暂停相关业
务、停业整顿、吊销相关业务许可证或者吊销营业执照，对
直接负责的主管人员和其他直接责任人员处五万元以上二十
万元以下罚款"，而根据《一般数据保护条例》第八十三条
第四款，违反数据安全相应规定可处以最高一千万或上一年
全球总营业额百分之二的金额欧元的行政罚款。但如果与
《个人信息保护法》第六十六条规定的"违反本法规定处理
个人信息，或者处理个人信息未履行本法规定的个人信息保
护义务……情节严重的，由省级以上履行个人信息保护职责
的部门责令改正，没收违法所得，并处五千万元以下或者上
一年度营业额百分之五以下罚款，并可以责令暂停相关业务
或者停业整顿、通报有关主管部门吊销相关业务许可或者吊
销营业执照；对直接负责的主管人员和其他直接责任人员处
十万元以上一百万元以下罚款，并可以决定禁止其在一定期
限内担任相关企业的董事、监事、高级管理人员和个人信息
保护负责人"联系起来看，我国违规处理数据/个人信息可
能遭到的综合处罚远高于《一般数据保护条例》。《个人信息
保护法》的"扬"与《数据安全法》的"抑"表明我国数字
治理法律体系将维护公民数字人权置于首位的鲜明立场，体
现了宽严相济、人本主义的立法精神。

第三章

新时代数据安全法治的
重点问题

无论是个人数据、企业数据的安全，还是公共数据、数据跨境流动的安全，均与国家安全相关。因此，新时代的数据安全是从个人到企业、到国家的全方位的立体的安全。

一、个人数据安全：
防控个人数据信息处理中的国家安全风险

个人数据安全不仅关系到个人利益，还关乎国家利益，是数据安全法治建设的重点领域之一。

（一）个人信息、个人数据与个人信息数据

个人信息、个人数据、个人信息数据是关联性较强但又易于混淆的三个概念，为了便于读者理解，有必要进行简单界分。事实上，我国法律仅对个人信息的含义作了规定，并未对个人数据和个人信息数据进行定义。2022年12月发布的《数据二十条》，明确要"建立公共数据、企业数据、个人数据的分类分级确权授权制度"，首次提出了个人数据和个人信息数据的概念。个人数据出现在《数据二十条》第三条"探索数据产权结构性分置制度"中，与企业数据、公共数据并列，而个人信息数据则出现在第六条"建立健全个人信息数据确权授权机制"中。第四条、第五条分别规定了公共

数据确权授权机制和企业数据确权授权机制，第六条应该规定个人数据确权授权机制。但观察发现，第六条并未使用个人数据的提法，而是以"个人信息数据"代替之。从《数据二十条》整体结构安排和行文逻辑看，第三条为第四条、第五条和第六条之总括，系统提出数据之分类；此后三条分别规定三类数据的确权授权机制。因此，笔者认为，第六条中的个人信息数据其实就是个人数据，二者属于同义语，系指"承载个人信息的数据"。那么，准确理解个人数据和个人信息数据，个人信息即成为关键。何为个人信息？信息与数据的区别何在？这是首先需要回答的两个问题。

通常认为，个人信息是指能够识别特定自然人或者与特定自然人相关联的各种信息。个人信息以识别性作为本质特征，并以此作为和非个人信息之分界。例如，经过技术处理难以识别特定自然人的匿名化信息不属于个人信息，不再受《个人信息保护法》规制。需要指出的是，个人信息的识别性并不是绝对的，而是随着识别技术的发展而变化；与之相对，个人信息的范围也随着识别模式和识别客体的变化而逐步扩大。这一趋势反映在我国不同时期立法中。在我国2012年出台的《全国人大常委会关于加强网络信息保护的决定》中，规定"能够识别公民个人身份和涉及公民个人隐私的电子信息"方为个人信息，受国家保护。这里将"识别"限定为直接识别，识别客体局限于个人身份，以此界定的个人信息范围在我国立法中是最小的。到《民法典》，识别模式采用"直接识别+结合识别（间接识别）"，识别客体由个人身份扩展至个人全部，这一变化极大地扩张了个人信息范围。《个人信息保护法》进一步将个人信息范围极致化，除直接识别和结合识别外，与特定自然人有关的信息也被纳入个人信息保护范围，规定"个人信息是以电子或者其他方式记录的与已识别或者可识别的自然人有关的各种信息（不包括匿名化处理后的信息）"，显然目前的个人信息已经成为外延极为庞大的法律概念。

前已述及，我国法律并未规定个人数据之含义。《数据安全法》仅规定了数据的定义，即"数据是指任何以电子或者其他方式对信息的记录"。《数据二十条》将个人数据等同于个人信息数据，意指"承载个人信息的数据"，从而建立起了个人数据与个人信息之关系。这一界定具有双重内涵：一是明确个人数据和个人信息数据是数据范畴，属于记录信息的载体层；二是揭示个人信息是个人数据和个人信息数据所承载的内容，属于内容层。二者为载体与内容之关系。但在互联网环境中，内容与载体常常具有同一性，二者并不易区分。这也是欧盟法未区分个人信息和个人数据而统一由个人数据指代的重要原因。笔者认为，由于个人数据承载有个人信息内容，自然具有了个人信息的本质属性——识别性，因此，个人数据的收集、存储、使用、加工、传输、提供、公开等处理行为，需遵循《个人信息保护法》的相关规定和要求，以确保个人信息权益安全。

（二）个人信息数据处理中的国家安全风险

在系统分析个人数据处理中的国家安全风险之前，需要明确数据处理、国家安全和国家安全风险三个概念。根据《数据安全法》第三条第二款之规定，数据处理系数据收集、存储、使用、加工、传输、提供、公开等行为的总称。国家安全在《国家安全法》第二条规定为"国家政权、主权、统一和领土完整、人民福祉、经济社会可持续发展和国家其他重大利益相对处于没有危险和不受内外威胁的状态，以及保障持续安全状态的能力"。国家安全风险并没有统一定义，按照国家安全和风险的通说，笔者将之定义为：国家政权、主权、统一和领土完整、人民福祉、经济社会可持续发展和国家其他重大利益安全状态存在不确定性。国家安全风险具有多样性，个人数据处理中的国家安全风险主要包括个人数据非法跨境流通带来的国家主权和国家安全风险、涉及国家安全的特殊个人数据泄露或滥用造成的国家安全风险、利用海量数据塑造群体画像造成的国家安全风险、深度伪造等个人数据滥用造成的国家安全风险、大规模个人数据泄露导致社会性恐慌造成的国家安全风险等。

1.个人数据非法跨境流通形成的国家主权和国家安全风险

该风险系数据非法传输风险的主要类型。伴随经济全球化的逐步深入，跨境电子商务、跨境普惠金融、跨境科研合作、企业国外上市、跨国业务拓展导致的数据跨境流动日趋频繁，给数据主权和国家安全带来隐患。目前，发生涉及国家安全的非法跨境数据流动案件包括以下两种类型：

一是人类基因等敏感生物信息的违法出境。据科技部行政处罚决定书国科罚〔2015〕1号、国科罚〔2015〕2号、国科罚〔2016〕1号披露，复旦大学附属华山医院、深圳华大基因科技服务有限公司、苏州药明康德新药开发股份有限公司均因非法出境人类生物信息而被科技部行政处罚。其中，复旦大学附属华山医院、深圳华大基因科技服务有限公司在开展"中国女性单相抑郁症的大样本病例对照研究"时，未经许可与英国牛津大学开展中国人类遗传资源国际合作研究，且未经许可将部分人类遗传资源信息从网上传递出境，违反了《人类遗传资源管理暂行办法》第四条、第十一条、第十六条有关规定。苏州药明康德新药开发股份有限公司未经许可将5165份人类遗传资源（人血清）作为犬血浆违规出境，违反了《人类遗传资源管理暂行办法》第四条、第十六条规定。上述两起案件均涉及人类遗传资源数据的违法出境。那么何为人类遗传资源数据呢？科技部和原卫生部制定的《人类遗传资源管理暂行办法》将其定义为，"含有人体基因组、基因及其产物的器官、组织、细胞、血液、制备物、重组脱氧核糖核酸（DNA）构建体等遗传材料及相关的信息资料"。而基因能反映出不同人种的某些特质，通过基因可以达到控制人种之目的。因此，规模化的基因数据如果被敌对势力滥用，将会为以基因技术为主要内容的基因战提供可能。生物安全是国家安全的重要组成部分，关乎人民的生命安全乃至生存安全，必须引起高度重视。

二是包含敏感信息的海量个人数据违法出境造成的国家安全风险。标志性事件是滴滴数据违法出境案。滴滴是一家提供网约车、出租车、顺风车、共享单车、代驾、货运、金融和自动驾驶等服务的综合性出行平台，业务涉及中国在内的16个国家约4000多个城镇。招股书显示，在截至2021年3月31日的12个月里，滴滴全球年活跃用户为4.93亿，全球年活跃司机1500万。其中，在我国拥有3.77亿年活跃用户和1300万年活跃司机。滴滴出租车业务除拥有用户和司机的详细个人数据外，还包括出行数据和位置信息等个人敏感信息和国家重要数据。尤其是2017年滴滴上线高清桔视行车记录仪之后，获取了海量街景实测数据和地理信息数据。2020年10月，滴滴地图在中国测绘学会年会上公布了一组数据：滴滴地图基础数据准确率超过95%，且每天新增轨迹数据超108TB。2021年6月30日，滴滴低调在美国纽约证券交易所上市。根据美国《外国公司问责法案》规定，赴美上市的外国公司必须将审计底稿和其他要求的数据交由美方审查。审计底稿包括所有用户数据、会议记录、沟通文件、问题汇总、程序表格，还包括历年来所有的电子邮件以及公司与政府部门往来的所有机密信息。滴滴在美上市，意味着包括国家重要数据和个人敏感信息在内的海量业务数据需要提交美方，这势必对国家数据主权、国家安全和公民个人权益造成严重威胁。为了防范国家数据安全风险，维护国家安全，保障公共利益，国家网信办2021年7月2日作出对滴滴启动网络安全审查的决定。7月3日，国家网信办要求应用商店下架滴滴出行APP。7月16日，国家网信办会同公安部、国家安全部、自然资源部、交通运输部、税务总局、市场监管总局等部门联合进驻滴滴出行科技有限公司，开展网络安全审查。根据国家网信办公布的调查细节，滴滴共存在8方面16项违法事实，包括非法收集个人隐私数据，收集用户通讯录、精确位置、身份证号、人脸信息、手机应用信息、短信、手机照片及截图信息等用户个人隐私数据共计

647.09亿条，其中包括人脸识别信息、精准位置信息、身份证号等多类敏感个人信息。另外，滴滴还存在严重影响国家安全的数据处理活动，由于涉及国家安全，依法不公开。

2.涉及国家安全的特殊个人数据泄露或滥用造成的国家安全风险

某些特殊领域或行业的从业人员个人数据泄露或滥用可能危及国家安全，如国防工业、军事工业、保密机关、国家安全等行业从业人员，从事国家高精尖研究项目的研究人员，接触或掌握重要行业核心技术的技术人员，军人，国家领导人。在2022年美国国家安全局入侵我国西北工业大学信息系统事件中，国家重大项目研究人员的个人信息数据即为其重要的盗取目标之一。西北工业大学与北京航空航天大学、北京理工大学、哈尔滨工业大学、哈尔滨工程大学、南京航空航天大学、南京理工大学被誉为中国"国防七子"，是唯一一所集航天、航海、航空为一体的重点大学，为我国国防科技事业作出了重大贡献。因为该校的特殊背景，许多研究人员为身份敏感人员，自然成为美国等西方国家"关照"之重点。在此次网络攻击事件中，美国国家安全局"非法多批次查询、导出、窃取多名身份敏感人员的个人信息数据"就不足为奇了。

3.利用海量数据塑造群体画像造成的国家安全风险

随着数据挖掘、关联、聚合技术的发展，与国家安全相关性并不强的个人一般数据或数据碎片也可能因数据聚合而形成群体画像，进而形成国家安全风险。典型案例为剑桥分析事件。2016年美国总统大选期间，剑桥分析利用脸书（Facebook）泄露的8700万美国民众个人信息数据，通过社交媒体向选民推送定制信息左右选民投票，帮助特朗普当选。定制信息分为针对特定群体和针对个人两类。针对特定群体的定制信息在广泛收集选民信息的基础上，对选民性格和政治倾向进行聚类分析和群体画像，然后针对性制定出只有特定群体可见的选举广告，以影响其选举行为。例如在2016年美国总统大选期间，特朗普竞选团队和剑桥分析在迈阿密一个叫"小海地"的海地裔黑人聚居区，"曝光"希拉里夫妇创办的克林顿基金会滥用海地地震救灾款等"恶劣行径"，阻止非裔美国人、年轻女性、摇摆的左翼人士等希拉里的潜在支持者为其投票。这些在脸书上投放的广告，只有符合某些性格特征的选民才能看到。针对个人的定制信息则是在分析个人性格、政治倾向、兴趣爱好等特征基础上，推送信息，比如，针对那些还在犹豫不决的中间选民，他们会推送有针对性的新闻乃至假新闻，潜移默化地改变和操控他们的心理；容易被煽动起来的，就推送耸人听闻的内容；看起来智商比较高的，就把内容包装得再巧妙一些；虽然支持特朗普但是可能不太愿意捐款和出门投票的，就强调形势的严峻性，调动他们的积极性。总之，就是投其所好，高度精准的个性定制。通过群体数字画像威胁国家安全的案例在军事领域也有发生。典型案例是斯特拉瓦（Strava）热力地图事件。Strava公司是一个拥有2700万用户的美国公司，主要从Fitbit、Jawbone等可穿戴设备和安装了相关手机软件的用户中收集运动信息数据，包括走路、跑步、骑自行车的位置、路线、时长等。2017年11月，该公司在网上发布了利用3万亿个GPS数据点绘制的最新全球热力地图。据《华盛顿邮报》报道，分析人士发现从Strava发布的全球运动热力地图中，能清楚看到美军在中东地区和阿富汗驻地的活动路线，还暴露了此前未对外公布的秘密基地。这款热力地图除了可以看出热力点之外，还可以观看详细的卫星图像，其中包括用户在北京奥林匹克森林公园的运动轨迹。

4.滥用个人数据造成的国家安全风险

个人数据的合理利用可以赋能国家安全治理，提高国家安全治理水平，但个人数据如果被滥用就可能产生危害国家安全之风险。以个人数据为基础的深度伪造就是滥用个人数据的典型。所谓深度伪造，是指运用人工智能技术和大数据来描绘某人从未说过的话、从未做过的事等，其基础是人的图像、声音等生物信息。合理利用深度伪造技术可以调节演员面部表情和动作幅度，提升作品的视觉体验；通过克隆明星的声音增加驾驶乐趣，等等。但滥用深度伪造也可给国家安全带来危害。例如，恶意利用国家领导人图像和声音深度伪造假视频散布虚假信息，以此来扰乱民心。

5.大规模个人数据泄露导致社会焦虑造成的国家安全威胁

近年来，大规模数据泄露事件频发，数据泄露已经成为数据安全主要的威胁之一，2021年我国数据泄露事件占到所有数据安全事件类型的80%，年度全球数据泄露数量较2020年增加了68%。由于数据泄露规模大、数量多且常常包含敏感个人数据，泄露事件给数据主体的人身财产安全，国家数据主权、数据安全造成巨大威胁。例如，2016年土耳其爆发全国性重大数据泄露事件，包括总统埃尔多安在内的近5000万土耳其公民个人信息牵涉其中，内容包括姓名、身份证号、父母名字、住址等个人信息。再如，2020年5月，奥地利联邦刑事调查局发现有人在网络犯罪论坛上出售数据集，其中包括Geburen Info Service GmbH公司的近900万条个人信息数据，内容涉及用户的姓名、性别、家庭地址、出生日期等。大规模个人数据泄露，尤其是敏感个人信息数据泄露易形成集体恐慌和社会焦虑，进而影响国家安全，如2022年12月发生的LastPass云存储设施数据泄露事件。LastPass是一家密码管理公司，负责管理全球超过3300万个人用户和10万家企业用户的保险库和保险柜密码，泄露密码一旦被破解并非法使用，将会使用户遭受重大财产损失。因此，数据泄露事件发生后，"引发了全球性恐慌"。

（三）新安全格局下我国个人信息数据保护体系的发展方向

新时代对个人信息保护提出了新要求，即由单一个人信息权益保护转向包括公共利益、国家利益在内的多元利益维护，由个人安全向总体安全转型。总的方向是强化国家安全领域的个人信息保护，维护公共安全和国家安全。

1.转变个人信息数据保护理念

长期以来，我国的个人信息保护法律一直秉持以个人信息权益为中心的保护理念，通过赋予信息主体知情权、决定权、删除权等系列权利，并辅以信息处理者法定义务履行和监管部门的强力执法，实现个人信息权益的有效保护。然而，伴随我国现代化建设迈入新征程，个人信息泄露等导致的公共安全和国家安全风险急剧增大，给国家安全造成重大威胁，必须引起高度重视。新时代的个人信息保护问题，已不仅是单纯的个人信息权益保护和信息主体个人安全问题，更是关涉国家数据主权和国家安全的重大问题。因此，必须站在国家安全的高度重新审视个人信息保护问题，实现个人信息保护理念的重大转变。在方法论上，要坚持"安全第一、预防为主"的新时代公共安全治理理念，将个人信息保护的关口前移，做到防患于未然，变事后追究为事前预防。

2.完善个人信息数据保护制度

我国现行的个人信息保护制度框架建基于自主控制理论，制度设计以个人信息权益保护和个人安全为核心，未能给予公共安全和国家安全合理观照。在个人信息风险呈现个人安全风险与公共安全风险、国家安全风险相互叠加的状态下，亟须以总体国家安全观为指导，对现有个人信息保护制度进行完善，以适应新时代国家总体安全的新要求和人民的新期待。其一，改变个人同意作为个人信息数据处理唯一合法性基础的规定。一方面，降低个人同意在个人信息保护制度体系中的位阶，建立包括公共安全、国家安全、国防安全等出于公共利益需要的个人信息数据处理在内的多元合法性基础；另一方面，将实现数据处理者或第三方合法利益确定为个人信息数据处理合法性基础。数据企业是推动数字经济发展的直接主体，也是经济安全的重要力量。只有保障其合法利益，才能激励其做大做强，助推我国迈向数字强国。实现信息处理者或第三方合法利益的个人信息处理又称合法利益豁免，指当个人信息处理为实现信息处理者或第三方的合法利益所必需时，信息处理者可通过平衡测试证明其使用利益高于信息主体利益，使其无须取得信息主体同意也可对信息主体的个人信息进行处理。欧盟《一般数据保护条例》第六条将实现信息处理者或者第三方合法利益确定为个人信息利用的合法性基础之一，但同时规定"信息主体享有的个人信息被保护权益、基本权利和自由优先于上述合法利益的除外，尤其在信息主体为儿童的情形下"。此机制的本质是平衡个人信息保护和信息自由流动之间的紧张状况，目前已为世界主流立法所采纳。为了提高该机制的可执行性，欧盟第二十九条工作组发布了关于合法性利益的指导性意见，试图为合法利益豁免提供一个清晰可行的执行框架。按照该框架要求，平衡测试内容包括：数据控制者合法利益的评估，重点是合法利益的性质和重要性；对信息主体影响的评估，重点是预防监管对信息主体的影响；一般义务上的平衡，重点评估信息处理者是否尽到了一般性保护义务；是否采取了额外保护措施，重点审查信息处理者是否采取额外措施以减少对信息主体的影响。其二，明确国家安全利益高于个人信息权益原则。增加个人信息受保护权限制条款，规定出于国家安全、国防安全、公共安全、经济安全、生物安全等重大公共利益需要，可以限制个人信息权利。其三，建立以风险为中心的个人信息分级分类体系。分级分类是个人信息精准保护之基础，《个人信息保护法》《民法典》均采用以个人利益为中心的分类方法，将个人信息划分为隐私信息和一般信息、敏感信息与一般信息、公开信息和非公开信息等。在新安全格局下，应以可能对国家安全产生的风险对个人信息进行分类，如按照信息主体身份可将个人信息划分为涉密人员个人信息和非涉密人员个人信息，对涉密人员的个人信息应严格保护。其四，将公共安全和国家安全风险防控要求嵌入个人信息处理的全生命周期，在产品或服务设计之初即将国家安全理念渗入到设计中，提高关键信息基础设施的等级保护水平；同时，建立完善的风险溯源机制和严格问责机制。其五，加强对重要个人信息和大规模个人信息的出境审查，降低个人信息跨境流动对国家安全和数据主权的威胁。其六，尽快制定以公共安全和国家安全为核心的个人信息保护相关标准和指南、安全控制实施和评估工具，明确安全分类、最小安全要求、安全规划、风险评估、风险管理、认证和认可、国家安全系统、安全分类映射等方面的具体要求。

3.强化关键领域与环节的个人信息数据保护

随着网络技术的发展，个人信息数据泄露的风险也随之增加，强化关键领域与环节的个人信息数据保护刻不容缓。

第一，要重视关键信息基础设施安全保护。

近年来，高级持续性威胁日趋猖獗，其主要攻击目标即为关键信息基础设施。中国国家互联网应急中心数据显示，2020年位于境外的约5.2万个计算机恶意程序控制服务器，控制了中国境内约53万台主机，就控制中国境内主机数量来看，控制规模排名前三位的控制服务器均来自北约成员国。美国中央情报局的网络攻击组织APT-C-39，曾对我国航空航天科研机构、石油行业、大型互联网公司以及政府机构等关键领域进行了长达11年的网络渗透攻击。此类攻击又称国家级网络攻击，一般出于政治目的或军事目的，目标是一国的核心数据和重要数据，敏感人员的个人信息数据也是重要目标。因此，强化关键信息基础设施安全已成为网络安全和信息安全的重要抓手。做好关键信息基础设施保护，一是加强关键信息基础设施安全保卫。组织开展实时监测、态势感知、通报预警、应急处置、追踪溯源、侦查打击、等级保护、指挥调度等重要工作，坚决维护网络空间安全和关键信息基础设施安全。二是监督指导运营者加强关键信息基础设施安全保护。开展分析识别、安全防护、检测评估、监测预警、技术对抗、事件处置等重点保护工作。三是加强关键信息基础设施安全保障。争取加大经费、科研、工程等投入力度，人员、人才培养力度，支持网络安全产业和企业发展。

第二，要重视个人遗传信息出境管理。

个人遗传信息是信息主体的敏感信息，同时又是一个种族的特征信息，关乎重大国家利益。然而，我国基因测序设备市场长期被美国等西方国家占据，数据极易外流。资料显示，全球测序行业巨头因美纳（Illumina）占据了我国70%的市场份额。其旗下多款设备因存在安全高危漏洞，被美国食品和药物管理局发布通知召回。主要原因是因美纳多款测序仪存在网络安全漏洞，可导致未经授权的用户远程控制仪器，或改变仪器（或客户）网络上的设置、配置、软件、数据，或影响用于临床诊断的仪器中的患者测试结果，包括导致仪器不提供结果或提供不正确的结果、改变的结果，或导致数据泄露。360公司董事长周鸿祎曾在微博发文呼吁，在大数据驱动业务的背景下，基因测序仪是解读人类基因密码的高端设备，某种意义上也是关键基础设施，基因数据泄露，将关系国家安全。因此，一方面要强化行业监管和数据监管，防止设备制造商远程控制获取我国基因信息；另一方面应加强基因测序设备国产化，把敏感生物数据掌握在自己手里，实现国家生物信息安全。

第三，加强对涉及国家安全的特殊人群个人信息数据管控。

保密、军事、国家安全等特殊人群的个人信息数据关乎国家秘密和国家安全，其信息资源成为各方争夺的焦点，必须采取有力措施防止信息泄露或被盗取。一是提高相关人员的网络安全和信息安全素养。强化安全思维，增强风险意识，提升安全用网的能力与水平；谨慎下载手机APP，必须下载时，务必认真研究使用权限和服务条款，谨防网络陷阱；慎重向网络上传图片、发表言论，慎用智能穿戴设备，等等。二是强化个人信息数据保护制度建设。严格限制手机定位功能使用，进入保密场所严禁使用手机；工作使用的计算机和软件应国产化，避免数据被设备后门窃取；特殊场所禁止具有自动数据获取功能的车辆进入；私家车进入敏感场所需提前关闭行车记录仪，等等。

二、企业数据安全：
构建激励相容的数据安全治理机制

企业数据安全是新安全格局下数据安全的重要组成部分。

（一）权属不明、责任不清：企业数据安全的"内忧外患"

权属清晰、责任明确是强化企业数据保护，实现企业数据安全的前提条件。随着数字经济的快速发展，数据的资源属性和要素属性进一步凸显。2020年4月9日发布的《中共中央、国务院关于构建更加完善的要素市场化配置体制机制的意见》，明确将数据作为继土地、劳动力、资本、技术等传统要素之后的第五大生产要素，要求"加快培育数据要素市场，推进政府数据开放共享、提升社会数据资源价值、加强数据资源整合和安全保护"。作为数字经济的关键生产要素，数据只有在流动、共享和利用中产生、创造价值。但前提是相关方必须具有清晰的权利义务边界，尤其是需要明确界定数据之权属。然而，由于对数据的特征与属性认识不同，数据能否确权以及如何确权一直存在较大争议。目前存在两大主流观点，即数据确权说和行为规制说，数据确权说主张对数据进行权属界定，认为只有产权清晰、权责明确，方能实现数据的共享流通和数据安全。例如，全国政协委员苗圩提出，应积极构建数据确权框架、明确数据性质，厘清数据所有权、使用权、运营权、收益权等权利；肖钢认为，数据的价值在于流通交易，应着力对数据产权进行解构与分割，划分原始数据提供者和数据要素生产者，厘清数据所有权、控制权、使用权、收益权等权利，构建数据产权概念。在数据确权说中又分为三种观点；一是知识产权说。这一观点将数据划分为两类，对于选择和编排上有独创性的数据库或数据集可采用知识产权上的著作权予以保护，对于不具备独创性的数据库或数据集，可采用邻接权或数据库进行保护。之所以认为企业数据是知识产权，是因为开发者付出了劳动、智慧和金钱，满足"额头流汗"之原则。二是商业秘密说。该观点认为某些企业数据具有商业价值，且具有非公开性和非排他性，符合商业秘密的基本特征。三是财产权说。该观点认为，数据具有鲜明的财产属性，是数字企业的核心资产，在经过合法收集后，企业有权占有、使用和处分，应赋予其数据财产权。上述观点各有利弊，知识产权说、商业秘密说均无法涵盖所有数据，只能在特定情况下适用；财产权说强调数据的所有权，并不利于数据的自由流动和价值实现，况且此权利需受个人数据权利限制。行为规制说认为，企业数据确权不利于数据自由流通，且数据界权难以实现，应通过处理秩序构建实现数据的高效利用。例如，戴昕认为，数据界权不应受确立财产所有权思路的局限，应致力于调整社会主体间围绕数据价值开发利用而形成的具体利益互动关系。任何在法律层面进行笼统确权的探索，即使无意创制所有权或财产权，都需格外谨慎。王锡锌、黄智杰提出，应着重建构符合公平利用要求的数据开放秩序及相应的管理机制，不宜以数据权属为基础。陈越峰认为，对数据进行确权，可能会不利于数据的公平获取使用，应超越数据确权，以公法构建公共数据处理秩序。由于数据权属理论上未达成共识，数据确权进展缓慢。实践中，由于企业数据权属问题难以达成共识，限制了企业在数据安全上的投入，也制约了企业数据的进一步开发利用。

（二）定纷止争：企业数据确权的制度探索

由于数据确权问题长期得不到解决，企业数据纠纷时有发生，安全问题进一步凸显。从新浪诉脉脉到淘宝诉美景、从大众点评诉百度到今日头条与腾讯大战，企业数据权属之争愈演愈烈。为了定纷止争，促进数字经济发展，在数据确权立法缺位的情况下，我国法院系统创造性开展审判工作，探索出了独具特色的企业数据权属保护模式。一是利用知识产权中版权的独创性保护企业数据。在上海钢联诉长沙同瑞案中，法院认为原告付出人力、物力对公开的钢材价格信息进行汇编，具有独创性，构成汇编作品，受到知识产权法的保护。在大众诉爱帮网案中，法院亦持相同观点。二是通过竞争法路径保护数据产权。在微梦诉复娱不正当竞争案中，法院认为，"微梦公司作为微博运营者，对微博前后端全部数据享有权益，并通过微博这一生态链实现商业利益"，复娱公司行为"分流了微梦公司的潜在用户流量，妨碍、破坏了微博的正常运营，构成不正当竞争"。尽管法院系统为定纷止争进行了积极探索，但无论是版权保护，抑或是竞争法路径保护均存在无法回避的局限。进一步在制度层面探索企业数据确权成为亟待解决的问题。中共中央、国务院印发的《关于构建数据基础制度更好发挥数据要素作用的意见》创造性地提出了新的解决方案，即建立数据资源持有权、数据加工使用权、数据产品经营权等分置的产权运行机制。在这一文件中，首次提出按照企业数据、公共数据、个人信息数据进行数据产权的结构性分置探索。对于公共数据按照"原始数据不出域、数据可用不可见"的要求，以模型、核验等产品和服务等形式向社会提供，对不承载个人信息和不影响公共安全的公共数据，推动按用途加大供给使用范围。推动用于公共治理、公益事业的公共数据有条件无偿使用，探索用于产业发展、行业发展的公共数据有条件有偿使用。对于企业数据，明确市场主体享有依法依规持有、使用、获取收益的权益，保障其投入的劳动和其他要素贡献获得合理回报，加强数据要素供给激励。对于个人信息数据，探索由受托者代表个人利益，监督市场主体对个人信息数据进行采集、加工、使用的机制。对涉及国家安全的特殊个人信息数据，可依法依规授权有关单位使用。在此基础上，建立健全数据要素各参与方合法利益保护机制。一是充分保护数据来源者合法权益，推动基于知情同意或存在法定事由的数据流通使用模式，保障数据来源者享有获取或复制转移由其促成产生数据的权益。二是合理保护数据处理者对依法依规持有的数据进行自主管控的权益。在保护公共利益、数据安全、数据来源者合法权益的前提下，承认和保护依照法律规定或合同约定获取的数据加工使用权，尊重数据采集、加工等数据处理者的劳动和其他要素贡献，充分保障数据处理者使用数据和获得收益的权利。保护经加工、分析等形成的数据或数据衍生产品的经营权，依法依规规范数据处理者许可他人使用数据或数据衍生产品的权利，促进数据要素流通复用。这一制度弱化了传统数据所有权争议，从数据来源、数据生成和数据开发应用的特征等方面构建了数据资源持有权、数据加工使用权、数据产品经营权分置的产权运行机制，对健全我国数据要素市场具有重要的里程碑意义。

（三）压实责任：企业数据安全保护义务的制度实践

数据安全是数字经济发展的红线和底线。尽管数据产权长期未得到很好解决，但企业数据安全保护义务的制度建设却在快速推进。目前已明确的安全保护义务包括数据安全管理制度制定义务、数据安全教育培训义务、以技术措施和其他必要措施保障数据安全义务、遵守网络安全等级保护制度义务、合法正当收集数据义务、数据分级分类保护义务、数据处理风险监测及补救义务、安全事件应急处置和告知报告义务、数据出境合规义务、配合公安机关和国家安全机关数据调取义务；重要数据处理者明确数据安全负责人和管理机构义务、定期开展风险评估和报告风险评估结果义务；数据中介机构身份审核并留存记录义务，等等。

1.企业数据安全管理制度制定义务

管理制度是企业生存之基础。数据作为企业的基本生产要素和核心资产，必须以严格、规范、科学的企业数据安全管理制度进行管理和规范。管理制度需要贯穿覆盖数据处理活动的全流程，包括数据的收集、存储、使用、加工、传输、提供、公开等环节。内容应包括数据安全管理架构及职责、数据分级分类制度、数据备份制度、数据物理安全制度、数据介质管理、数据恢复要求、数据清理规则、数据转存规定、涉密设备管理、数据安全风险评估制度、数据安全事件应急预案、安全风险补救制度、数据安全事件应急和报告制度等。

2.数据安全教育培训义务

良好的数据安全素养是从业人员做好数据安全工作之前

提。因此，加强数据安全教育培训是一项必要的基础性工作。培训内容可分为三个层级：一是数据安全相关的法律法规知识。重点是《数据安全法》《网络安全法》《个人信息保护法》，以及与之配套的法规和部门规章。应结合企业自身的业务特点，选择重点进行培训。二是企业数据安全管理制度。让员工了解企业数据安全管理制度的内容、流程，熟悉自己岗位的职责、权限、保密要求，知晓数据安全风险防范要点等。三是重点人员的专业技术资格资质培训。目前，中国信息安全测评中心、中国计算机行业协会数据安全专业委员会等单位已开设数据安全职业能力培训，课程包括数据安全评估师、数据安全工程师、数据安全咨询师、数据安全架构师、数据安全开发人员、数据安全运维人员的职业能力培训。此外，还有国家注册数据安全治理专业人员（CISP-DSG）认证培训、国家注册信息安全专业人员CISP-PTE渗透测试工程师认证培训等项目，可以帮助专职数据安全人员快速提高专业知识。

3.企业数据安全保障义务

数据安全保障义务是数字企业的核心义务，要求企业采取技术措施和其他必要措施保障数据安全。技术措施包括存储阶段的加密算法、密钥管理、存储复制、数据冗余、硬盘保护等，传输阶段的数据基因技术、加密传输等，访问环节的基于区块链等技术的新型访问控制及多因子认证机制，利用阶段的数据匿名化、数据脱敏等技术，销毁环节的数据关联销毁、软销毁与硬销毁结合技术，以及基于日志的安全审计和数字水印等溯源技术等。在技术措施之外，还要做好数据安全风险评估和第三方安全认证工作，借助外力消除数据安全风险；同时，强化数据安全的日常管理。

4.遵守网络安全等级保护制度义务

网络安全等级保护制度是我国网络安全的基础性制度。该制度将网络安全等级保护划分为五级，即自主保护级、指导保护级、监督保护级、强制保护级和专控保护级。首先，企业应依据《信息安全技术　网络安全等级保护定级指南》（GB/T 22240-2020），认真分析企业网络系统遭受侵害后所侵害的客体及侵害程度，确定保护级别并向公安机关进行备案。其次，按照《信息安全技术　网络安全等级保护实施指南》（GB/T 25058-2019）、《信息安全技术　网络安全等级保护基本要求》（GB/T 22239-2019）对相应保护级别的要求履行保护义务，包括但不限于制定内部安全管理制度和操作规程、采取防范计算机病毒和网络攻击的技术措施、检测记录网络运行状态和安全事件且网络日志留存不少于6个月、采取数据分类和重要数据加密等。

5.合法、正当收集数据义务

以合法、正当的方式收集数据，是《数据安全法》提出的基本要求，也是企业应尽的法定义务。那么何为合法、正当方式？该法以反向规定形式列举了"窃取或者以其他非法方式获取数据"，但法律并未明确何为"其他非法方式"。参照《个人信息保护法》之规定，个人信息数据收集的合法性基础包括七种情形：一是取得个人的同意；二是为订立、履行个人作为一方当事人的合同所必需，或者按照依法制定的劳动规章制度和依法签订的集体合同实施人力资源管理所必需；三是为履行法定职责或者法定义务所必需；四是为应对突发公共卫生事件，或者紧急情况下为保护自然人的生命健康和财产安全所必需；五是为公共利益实施新闻报道、舆论监督等行为，在合理的范围内处理个人信息；六是依照本法规定在合理的范围内处理个人自行公开或者其他已经合法公开的个人信息；七是法律、行政法规规定的其他情形。

6.数据分级分类保护义务

数据分类分级保护制度是指根据数据属性、特点、数量、质量、格式、重要性、敏感程度等因素，科学划分数据资源，配套相应的安全风险控制措施，在释放数据资源价值的同时，保护数据安全和个人隐私。数据分类保护是将具有共同性质、属性或特征的数据归并在一起，再根据类别纳入不同的保护体系；数据分级保护主要从数据安全、隐私保护和合规要求的角度对数据进行划分，构建相应的技术保护体系。企业应首先对自己的数据进行系统梳理，在此基础上列出数据清单。之后依据国家数据分级分类标准，划分出国家核心数据、重要数据和一般数据。然后，结合数据价值和破坏后的影响程度，对各类数据进行分级。对核心数据和重要数据应重点保护，对一般数据结合分级情况分别配置不同的安全保护措施。

7.数据安全风险监测及补救义务

风险监测和补救是企业数据安全的重要预防性措施。面对愈演愈烈的数据勒索攻击、撞库攻击风险，应加强事前风险监测和技术检测，及时发现数据安全风险并采取补救措施，防患于未然。一方面，基于异常行为识别、高危攻击行为挖掘、0Day攻击检测等技术，强化数据安全风险感知和检测能力；通过网络威胁情报大数据分析技术识别各种访问和攻击活动中隐藏的高水平安全事件及其真实意图，有效挖掘具有黑客族群攻击活动轨迹特征和攻击能力水平画像的攻击者，及时预警并向主管部门分享和报告。另一方面，根据发现的数据安全风险，尤其是重大风险，及时采取补救措施，如修补漏洞、更换口令、封锁环境、限制访问、监控出入点、关闭高危端口、关闭受影响的设备。

8.安全事件应急处置和告知报告义务

当安全事件发生后，应迅速收集事件相关信息，分析研判、鉴别事件性质，判断事件来源，评估影响范围和损害程度，确定分类定级，对3级或4级事件，企业应迅速启动应急预案进行应急处置；对1级或2级事件，应立即报告主管部门，迅速组织力量，开展应急处置工作；同时，作好过程记录，保存好相关系统日志。在进行最初的应急处置后，应及时采取行动，抑制安全事件的影响进一步扩大，限制潜在的损失与破坏，确保应急处置措施对涉及的相关业务影响最小。在发生网络故障时，优先保证相关重要部门的网络畅通。应急处置工作结束后，应尽快恢复系统正常工作；同时，对事件造成的损失和影响分析评估，查明原因，研究防范措施。

9.企业数据出境合规义务

按照目前我国的法律法规规定，重要数据出境需进行安全风险评估，关键信息基础设施的运营者（CIIO）的数据跨境流动适用《网络安全法》之规定，非CIIO的重要数据出境适用国家网信部门《数据出境安全评估办法》之规定。要做到数据出境合规，企业需首先确认是否为CIIO，在此基础上，甄别欲出境数据是否属于重要数据。若是，需要按照《数据出境安全评估办法》要求，向省级网信部门提交申报书、自评估报告、数据处理者与境外接收方拟订立的法律文件等材料，省级网信部门完成材料完备性查验后向国家网信部门申请进行数据出境安全评估。在评估报告两年有效期内如果出现下述情况应重新申请进行评估：一是向境外提供数据的目的、方式、范围、种类和境外接收方处理数据的用途、方式发生变化影响出境数据安全的，或者延长个人信息和重要数据境外保存期限的；二是境外接收方所在国家或者地区数据安全保护政策法规和网络安全环境发生变化，以及发生其他不可抗力情形、数据处理者或者境外接收方实际控制权发生变化、数据处理者与境外接收方法律文件变更等影响出境数据安全等情形的。

10.数据中介机构身份审核并留存记录义务

《数据安全法》规定数据交易中介机构有对交易数据来源、交易双方身份审核并留存记录之义务，此制度有利于杜绝非法来源数据、非法数据处理者的进场交易。关于数据来源的审查重点在于数据提供方的数据来源是否合法，如个人信息数据的获取是否依法进行了告知并取得信息主体同意，公共数据是否获得正式授权，非自身的企业数据是否取得来源方许可，数据权属是否存在争议。交易双方身份审核，除身份的真实和合法性、信誉和经营历史、自身组织和管理制度等常规内容外，还应对数据提供方数据交易权限及数据需求方获取和使用数据的目的、方式等进行审查，这也是数据交易中介机构对交易双方身份进行审查时应重点关注的问题。记录留存义务在《电子商务法》中有明确规定，商品和服务信息、交易信息保存时间自交易完成之日起不少于3年。记录内容应包括数据交易记录、数据来源和交易双方身份审核记录等。

另外，工业和信息化部依据《数据安全法》出台了《电信和互联网行业数据安全标准体系建设指南》《电信和互联网企业网络数据安全合规性评估要点（2020年）》，组织腾讯、百度等133家企业签署了数据安全自律公约，引导企业落实主体责任。

（四）构建激励相容的企业数据安全治理机制

构建激励相容的企业数据安全治理机制是新时代数据安全法治建设的重要内容之一。

1.形成激励相容的数据安全制度体系

大数据时代，数据已经成为社会发展的重要基础资源和数字经济的基本生产要素。对企业而言，数据利用和产业发展是效益和利润产出行为，数据利用成为企业的一种自觉行动。而数据安全是成本产出行为，尤其在未出现大型数据安全事件之前，数据安全往往被忽略。在企业以追求效益和利润为天职的理念下，企业具有强大的数据利用冲动而缺少数据安全之自觉。换言之，企业的数据利用激励与安全激励严重失衡。解决这一问题的关键有两个——企业理念转变和外部压力传导，即内因与外因的结合。但检视现有数据安全制度发现，重外在压力传导轻企业积极性调动问题突出。例如，法律大量设置强制性义务条款，同时配以严苛的处罚措施，而激励型规范极为少见。当然，在信息控制者利用激励与保护激励明显失衡的结构下，如果缺乏外部干预与政府监管，势必产生"丛林法则"，导致对数据的肆意滥用。但只是简单施加各种强制性外部要求，忽视信息控制者内在激励机制设计，并不能消除失衡根源。妥帖之策是适当增加激励型规范，实现从单向的外部监督向权利控制与激励机制并行的多元治理机制转变。可考虑设置企业数据安全信用制度，以"白名单"和"黑名单"形式起到信誉激励作用；也可考虑建立差别化监管制度，对信誉良好、数据安全制度完善、管理机构健全、数据安全事故较低的企业，适用宽松、包容的监管模式，而对数据安全制度不完善、机构不健全、事故频发的企业进行严格监管。

2.构建多方参与的数据安全协同治理机制

数据处理活动涉及主体众多，利益关系复杂，良好的数据安全治理机制必须是利益相关方共同参与的协同治理机制。《数据安全法》提出，推动有关部门、行业组织、科研机构、企业、个人等共同参与数据安全保护工作，形成全社会共同维护数据安全和促进发展的良好环境。《数据二十条》也要求，形成政府监管与市场自律、法治与行业自治协同、国内与国际统筹的数据要素治理结构。首先，政府作为数据安全秩序的维护者和规则的供给者，需要创新治理机制。应充分发挥有序引导和规范发展的作用，守住安全底线，明确监管红线，打造安全可信、包容创新、公平开放、监管有效的数据要素市场环境。强化分行业监管和跨行业协同监管，建立数据安全联管联治机制。建立数据处理全过程的合规公正、安全审查、算法审查、监测预警等制度，指导各方履行数据安全责任和义务。在落实网络安全等级保护制度的基础上全面加强数据安全保护工作，健全网络和数据安全保护体系，提升纵深防护与综合防御能力。其次，企业作为数据资产的拥有者和数据处理主体，应充分认识数据安全的重要性。扭转数据安全"只投入、不产出"和"数据安全是负效益"的传统理念，树立"企业数据是核心资产、数据安全是生存关键"的新理念，主动采用新技术、新方法保护数据安全，完成数据安全从被动到主动、从被迫到自觉的转型。事实上，数据安全可以为企业带来巨大的财产和声誉收益。根据国际商业机器公司（IBM）发布的《2022年数据泄露成本报告》，数据泄露的平均成本已达到435万美元，比2021年增长了2.6%，自2020年以来增长了12.7%。统计结果显示，部署了安全AI和自动化的组织的比例从2020年的59%增长到2022年的70%，增长率达18.6%。表示已经"全面部署"安全AI和自动化技术的受访组织（约占31%），其数据泄露平均成本要比未部署相关技术的企业低305万美元——没有部署安全AI和自动化的组织其数据泄露成本平均为620万美元，全面部署了这些技术的组织其数据泄露成本平均为315万美元。再次，充分发挥社会力量多方参与的数据安全协同治理作用。鼓励行业协会等社会力量积极参与数据安全治理，支持开展数据安全技术研发和服务。建立数据安全信用体系和"白名单""黑名单"，逐步完善数据安全行为认定、守信激励、失信惩戒、信用修复等机制。畅通数据安全举报投诉渠道，维护数据安全良好秩序。

3.综合运用法律、技术、伦理等多元治理工具

在法律方面，近年来我国与数据安全相关的立法步伐明显加快，《数据安全法》《网络安全法》《个人信息保护法》《关键信息基础设施安全保护条例》相继出台，与之配套的部门规章加速落地，为数据安全提供了纲领性指导和基本法律遵循。然而，由于数据处理场景具有多样性、复杂性特点，加之法律固有的抽象性、滞后性等局限，法律落地尚存

较大的不确定性，企业合规难度较大，并且成本高。下一步，一是厘清现有法律中某些关键概念的内涵和外延。例如，核心数据和重要数据概念，在《数据安全法》中仅是给出了两种数据的确定原则，具体数据清单由各地区和部门自行确定，这可能会出现同一类数据在不同部门或地区有不同归属的现象，给法律适用增加困难。因此，需要国家层面统一制定不同领域核心数据和重要数据清单，增加法律的确定性和可操作性。二是进一步增加法律制度供给，尽快补足法律留白。例如，数据出境问题，《网络安全法》《数据安全法》仅规定了关键信息基础设施运营者和非关键信息基础设施运营者运营中收集和产生重要数据的出境安全管理，那么，一般数据能否自由出境法律并未明确。需要指出的是，在2017年国家网信办公布的《个人信息和重要数据出境安全评估办法（征求意见稿）》曾规定，"数据量超过1000GB"等情形的数据出境需要经过安全评估，就是考虑了数据集合的风险。但遗憾的是，在正式实施的《数据安全评估办法》中删除了上述规定，只保留了对重要数据出境和个人信息数据出境之要求。事实上，在大数据技术加持下，只要达到一定量级的任何数据均可能对国家安全构成风险，需要引起高度关注。三是处理好发展与安全的法律关系。《数据安全法》确定了"统筹发展和安全，坚持以数据开发利用和产业发展促进数据安全，以数据安全保障数据开发利用和产业发展"的战略方针，但现有立法缺少相应的法律制度支撑，尽管《关于构建数据基础制度更好发挥数据要素作用的意见》提出了较为详尽发挥数据要素作用的意见，但还需要在总结经验的基础上将之上升为法律，以法律形式平衡好安全与发展之关系。

在技术方面，当前许多数据安全问题是由技术迭代引发的，如大量APP的出现需要频繁收集个人信息，增加了泄露风险；挖掘技术、关联技术等信息技术可以使不具识别性或识别性很弱的信息碎片具有了识别性，增大了个人风险；大数据分析技术可以利用海量数据为个人或群体精准画像，增加了个人隐私、军事秘密泄露风险。因此，解决数据安全问题的首要考量因素和最有效的路径是技术路径，如可以用数据库审计、数据防泄露等技术进行数据库和文件的安全防护；通过态势感知技术对数据访问、内部流转动态监测解决数据汇聚安全问题；以隐私计算等新兴技术解决数据流动安全问题。未来的数据安全治理应坚持以数据为中心，按照事前防御、事中防护、事后响应的阶段性目标科学配置技术手段。在事前预防阶段，核心目标是风险识别和风险防御，应充分利用威胁情报技术、漏洞攻击检测技术、高级访问监测技术，增强风险感知能力，及时了解网络系统和数据的安全态势，对威胁动向作出合理的预判，做到"防患于未然"。在事中防护阶段，核心目标是增强系统和数据的抵御攻击能力，要对应数据存储、传输、利用、销毁等不同场景，分别配置数据加密、数据脱敏、数据库防火墙、数据防泄露、身份识别与访问管理技术、用户和实体行为分析技术、水印技术、匿名化技术、数据脱敏技术、隐私计算、区块链、数字签名等构建的安全多方计算可信平台等。在事后响应阶段，核心目标是恢复系统的正常运行，保证数据的安全性、完整性和可用性，进行溯源分析，可配置系统紧急启动技术系统、恶意代码清除技术、漏洞修复技术、数据删除恢复技术、数据容灾备份技术等。对数据安全事件进行溯源可采用区块链溯源技术、编码溯源技术、数字签名技术、数据审计技术等。

在伦理方面，科技伦理是开展科技活动需要遵循的价值准则和行为规范，是促进数据安全治理的重要保障。《数据安全法》第八条规定，"开展数据处理活动，应当遵守法律、法规，尊重社会公德和伦理，遵守商业道德和职业道德，诚实守信，履行数据安全保护义务，承担社会责任，不得危害国家安全、公共利益，不得损害个人、组织的合法权益"，为数据处理活动提供了基本的伦理要求。中共中央办公厅、国务院办公厅印发的《关于加强科技伦理治理的意见》则从总体要求、科技伦理原则、科技伦理治理体制、科技伦理治理制度保障、科技伦理审查和监管，以及科技伦理教育和宣传共六个方面对科技伦理治理作出了全面部署。在数据安全保护中，一是保证数据处理要依法而行，收集个人信息数据应严格履行"告知—同意"义务，对匿名数据不得随意溯源，保护个人信息安全和个人隐私安全；二是重视数据的利用安全，使数据利用始终处于合法利用状态，反对数据滥用和非法利用。倡导"科技向善"，不得利用数据进行歧视，更不得将数据作为战场杀人"武器"。

三、公共数据安全：兼顾开发利用与安全保障

近年来，公共数据安全事件时有发生，给我国的数据主权和国家安全造成重大威胁。公共数据安全是新时代数据法治建设必须重视的方面。

（一）公共数据开发利用中的数据安全风险揭示

公共数据是履行公共职能的部门和授权进行公共服务的企事业单位，在履职或服务过程中生成、处理的数据，具有数量大、价值高、权威性强等特点，一直是国内外不法分子觊觎的重点对象。研究、观察已发生的公共数据安全事件发

现，公共数据安全风险主要包括外部攻击风险、内部管理风险，具体表现为数据泄露、数据篡改、数据滥用、违规传输、非法访问、流量异常等。

1.外部攻击风险

外部攻击是目前公共数据安全风险的最主要因素。据《中国政企机构数据安全风险分析报告》显示，2022年1月至10月，安全内参共收录全球政企机构重大数据安全事件报道180起，超过五成的安全事件是由于外部攻击导致的。在攻击方式上，勒索软件为首要攻击方式，占比达59.7%；其次是漏洞利用，占比14.6%；再次为钓鱼邮件，占比为10.5%。从攻击结果看，数据泄露是主要的公共数据安全风险。在180起安全事件中数据泄露相关安全事件多达93起，占51.7%，目的主要是窃取数据。仅2022年1月至10月，就有超过950亿条，至少46.4TB的中国境内机构数据在海外被非法交易。近年来世界范围内发生的数据泄露事件往往规模巨大，且涉及国家许多核心数据和重要数据，严重威胁国家安全。例如，2022年9月智利武装部队参谋长联席会议电子邮件泄露事件。黑客组织通过网络攻击，窃取并公布了40多万封智利武装部队参谋长联席会议的电子邮件，其中包括被列为保密、机密和最高机密的文件。据调查，被泄露的文件包括网络安全、通信和边境监测数据，以及关于情报和卫星监测系统的敏感信息等。

2.内部管理风险

在数据泄露中，内部人员违规操作或非法提供、买卖是仅次于网络攻击的第二大原因，与外部攻击构成公共数据安全威胁的"内忧外患"。这其中既包括单位内部管理薄弱造成的数据越级访问、超权限访问，也有"内鬼"出于利益需要而故意泄露重要公共数据。我国安全机关2022年4月破获的中国首例为境外刺探、非法提供高铁数据案和2021年5月破获的收买技术人员窃取航运数据案皆为典型案例。前者系上海某信息科技公司销售总监王某等人在利益驱动下，非法收集、向境外公司提供涉及铁路GSM-R敏感信号等高铁数据，是我国首例涉及高铁运行安全的危害国家安全类案件；后者则是与所在国家间谍情报机关关系密切的境外咨询机构，以聘请专家之名与境内数十名人员建立"合作"，指使他们广泛收集提供我国的航运基础数据、特定船只载物信息等。

（二）我国公共数据安全制度的现状与问题

目前，公共数据安全越来越受到重视，但还存在诸多问题，亟待改进。

1.公共数据安全立法现状

我国目前没有专门的公共数据安全立法。与公共数据安全有关的制度规范散落于《数据安全法》和地方公共数据条例、公共数据管理办法中。数据是公共数据的上位概念，因此，《数据安全法》关于数据安全的一般性规定可为公共数据安全提供指导，如第二十七条的数据安全保护制度制定义务、数据安全保护义务规定；第二十九条的数据安全风险评估及补救义务，安全事件及时处置义务和告知、报告义务规定；第三十条的重要数据处理者风险评估、报告义务规定；第三十二条的数据收集合法、正当义务规定；第三十五条的国家机关数据调取配合义务规定。地方的数据条例或公共数据开放（共享）管理办法中一般均设置公共数据安全的内容，如《上海市数据条例》第七十八条规定实行数据安全责任制，明确数据处理者是数据安全的责任主体；第七十九条规定数据处理活动应当履行的建立健全全流程数据安全管理制度和技术保护机制义务、组织开展数据安全教育培训义务、数据安全维护义务、风险监测及补救义务、数据安全事件及时处置和报告义务等。《重庆市数据安全条例》第八条规定了数据安全责任制，明确数据处理者的安全义务；第十条规定重要数据出境应当进行安全评估；第十四条规定了数据主管部门在建立健全数据安全风险评估、报告、信息共享、监测预警、应急处置和分类分级保护制度诸方面的责任。观察地方立法发现，与公共数据安全相关的制度规范多

为《数据安全法》的具体化，具有本土特色，创新性的制度
设计较少。

2.主要数据安全制度

《数据安全法》规定的数据分类分级保护制度，数据安
全风险评估、报告、信息共享、监测预警机制，数据安全应
急处置机制，数据安全审查制度，数据出口管制制度等，歧视
反制制度共六项基本制度，可作为公共数据安全的基本制度。

第一，建立数据分类分级保护制度。

《数据安全法》第二十一条第一款规定，国家建立数据
分类分级保护制度，根据数据在经济社会发展中的重要程
度，以及一旦遭到篡改、破坏、泄露或者非法获取、非法利
用对国家安全、公共利益或者个人、组织合法权益造成的危
害程度，来对数据实行分类分级保护。根据该条第一款、第
二款之规定，数据分为重要数据、核心数据和一般数据。核
心数据系指关系国家安全、国家经济命脉、重要民生、重大
公共利益的数据，对核心数据依法实行更加严格的管理制
度。重要数据目录由国家数据安全工作协调机制统筹协调有
关部门制定，对列入重要数据目录的数据也要加强保护。该
条第三款规定，各地区、各部门应当按照数据分类分级保护
制度，确定本地区、本部门以及相关行业、领域的重要数据
具体目录，对列入目录的数据进行重点保护。

　　为了落实数据分级分类保护制度，2021年全国信息安全标准化技术委员会发布了《网络安全标准实践指南　网络数据分类分级指引》（TC260-PG-20212A），规定数据分类分级的指导原则应包括合法合规、分类多维、分级明确、从高就严以及动态调整五项原则，具体实施可分为数据资产梳理、数据分类、数据定级、审核标识管理、数据分类分级保护五个步骤。2022年发布《信息安全技术　网络数据分类分级要求（征求意见稿）》和《信息安全技术　重要数据识别指南（征求意见稿）》，明确了数据分类分级原则、框架和方法，提出了重要数据识别的基本原则、考量因素和重要数据描述格式等。以此为指导，部分重点领域率先制定了本领域数据的分级分类指南或指引，如《证券期货业数据分类分级指引》（JR/T 0158-2018）、《金融数据安全　数据安全分级指南》（JR/T 0197-2020）、《卫生健康行业数据分类分级指南（征求意见稿）》、《智能网联汽车数据分类分级实践指南》、《工业数据分类分级指南（试行）》、《基础电信企业数据分类分级方法》（YD/T 3813-2020）、《基础电信企业重要数据识别指南》（YD/T 3861-2021）、《政府数据分类分级指南》（DB52/T 1123-2016）、《数字化改革　公共数据分类分级指南》（DB33/T 2351-2021）、《信息技术　大数据数据分类指南》（GB/T 38667-2020）。同时，部分地方政府也已完成了数据

分类分级工作，如贵州省的《政府数据分类分级指南》
（DB52/T1123-2016），以及《上海市公共数据开放分级分类指
南（试行）》《青岛市公共数据分类分级指南》等。

第二，完善数据安全风险评估、报告、信息共享、监测
预警机制。

数据安全风险评估、报告、信息共享、监测预警机制是
数据安全的事前和事中保障机制，与数据安全应急处置机制
一起，构成数据安全事前、事中和事后全链条保障。数据安
全风险评估是识别数据安全风险，进行准确预警预报之基
础。评估内容应当包括处理的重要数据的种类、数量，开展
数据处理活动的情况，面临的数据安全风险及其应对措施
等。报告和信息共享制度要求对通过数据安全风险评估发现
的数据安全风险应按照管理权限向主管部门报告并进行信息
共享。按照《国家安全法》第五十八条之规定，对可能即将
发生或者已经发生的危害国家安全的事件，县级以上地方人
民政府及其有关主管部门应当立即按照规定向上一级人民政
府及其有关主管部门报告，必要时可以越级上报。监测预警
机制是指基于数据安全风险情报，通过采用技术手段持续动
态的检测风险与恶意行为，防止或者减少风险发生的可能
性，最大限度地消除或降低数据安全事故发生概率。《信息
安全技术　网络安全监测基本要求和实施指南》（GB/T

36635-2018）规定了网络安全监测的主要内容，即信息安全事件监测、运行状态监测、威胁监测、策略与配置监测。数据安全风险评估、报告、信息共享、监测预警机制是《国家安全法》《网络安全法》中风险监测预警制度的衔接和具体化。《国家安全法》第三节规定了国家安全风险预防、评估和预警制度，其中，第五十五条为国家安全风险预案制度，第五十六条为风险评估机制和风险报告制度，第五十七条为风险监测预警制度，第五十八条为风险报告程序规定。《网络安全法》第五十一条规定，"国家建立网络安全监测预警和信息通报制度。国家网信部门应当统筹协调有关部门加强网络安全信息收集、分析和通报工作，按照规定统一发布网络安全监测预警信息"。

在领域立法方面，《工业和信息化领域数据安全管理办法（试行）》进一步细化了工业和信息化领域数据安全风险评估、报告、信息共享、监测预警机制的相关内容。在风险评估方面，规定由工业和信息化部制定行业数据安全评估管理制度和行业数据安全评估规范，地方行业监管部门分别负责组织开展本地区数据安全评估工作；在监测预警方面，采用分级管理。工业和信息化部建立数据安全风险监测机制，组织制定数据安全监测预警接口和标准，统筹建设数据安全监测预警技术手段；地方行业监管部门负责建设本地区数据安全风险监测预警机制。在风险信息报告和共享方面，工业和信息化部建立数据安全风险信息上报和共享机制，统一汇集、分析、研判、通报数据安全风险信息；地方行业监管部门分别汇总分析本地区数据安全风险，及时将可能造成重大及以上安全事件的风险上报工业和信息化部。

第三，健全数据安全应急处置机制。

数据安全应急处置机制是在数据安全事件发生后，为了最大限度地减小事件造成的损失而进行的应急机制，主要包括启动应急预案、采取应急措施和发布警示信息。应急预案是应对可能发生的数据安全事件，最大限度地减少突发事件造成的损失而预先制定的工作方案。根据国务院《突发事件应急预案管理办法》（国办函〔2013〕101号）之规定，应急预案分为政府及其部门应急预案、单位和基层组织应急预案两大类。政府及其部门应急预案包括总体应急预案、专项应急预案、部门应急预案等。国家层面专项和部门应急预案侧重明确突发事件的应对原则、组织指挥机制、预警分级和事件分级标准、信息报告要求、分级响应及响应行动、应急保障措施等，重点规范国家层面应对行动，同时体现政策性和指导性。按照国务院统一安排，互联网领域已编制完成《公共互联网网络安全突发事件应急预案》《国家网络安全事件应急预案》。

《国家网络安全事件应急预案》将网络安全事件界定为，由于人为原因、软硬件缺陷或故障、自然灾害等，对网络和信息系统或者其中的数据造成危害，对社会造成负面影响的事件，可分为有害程序事件、网络攻击事件、信息破坏事件、信息内容安全事件、设备设施故障、灾害性事件和其他事件。网络安全事件分为四级，即特别重大网络安全事件、重大网络安全事件、较大网络安全事件、一般网络安全事件。其中属于以下三种情形的为特别重大网络安全事件：一是重要网络和信息系统遭受特别严重的系统损失，造成系统大面积瘫痪，丧失业务处理能力；二是国家秘密信息、重要敏感信息和关键数据丢失或被窃取、篡改、假冒，对国家安全和社会稳定构成特别严重威胁；三是其他对国家安全、社会秩序、经济建设和公众利益构成特别严重威胁、造成特别严重影响的网络安全事件。重大网络安全事件包括：一是重要网络和信息系统遭受严重的系统损失，造成系统长时间中断或局部瘫痪，业务处理能力受到极大影响；二是国家秘密信息、重要敏感信息和关键数据丢失或被窃取、篡改、假冒，对国家安全和社会稳定构成严重威胁；三是其他对国家安全、社会秩序、经济建设和公众利益构成严重威胁、造成严重影响的网络安全事件。其他为较大网络安全事件、一般网络安全事件。网络安全事件预警等级分为四级，由高到低依次用红色、橙色、黄色和蓝色表示，分别对应发生或可能发生特别重大、重大、较大和一般网络安全事件。关于预警的发布，《国家网络安全事件应急预案》规定，各省（区、市）、各部门组织对监测信息进行研判，认为需要立即采取防范措施的，应当及时通知有关部门和单位，对可能发生重大及以上网络安全事件的信息及时向应急办报告。各省（区、市）、各部门可根据监测研判情况，发布本地区、本行业的橙色及以下预警。应急办组织研判，确定和发布红色预警和涉及多省（区、市）、多部门、多行业的预警。预警信息包括事件的类别、预警级别、起始时间、可能影响范围、警示事项、应采取的措施和时限要求、发布机关等。

第四，建立数据安全审查制度。

数据安全审查制度是国家安全审查制度体系的重要组成部分，也是国家安全制度在数据领域的具体化。《网络安全审查办法（修订草案征求意见稿）》专门设置了数据安全审查条款，在第十条网络安全审查主要考量因素中新增加了"核心数据、重要数据或大量个人信息被窃取、泄露、毁损以及非法利用或出境的风险"，"国外上市后关键信息基础设施，核心数据、重要数据或大量个人信息被国外政府影响、控制、恶意利用的风险"，以及"其他可能危害关键信息基础设施安全和国家数据安全的因素"，为网络安全审查中的数据安全审查提供了依据。同时，针对数据出境问题专门制定了《数据出境安全评估办法》，对数据出境安全审查适用情形、评估内容等事项进行了规定。

首先，明确了需要进行安全评估的四种情形：一是数据处理者向境外提供重要数据；二是关键信息基础设施运营者和处理100万人以上个人信息的数据处理者向境外提供个人信息；三是自上年1月1日起累计向境外提供10万人个人信息或者1万人敏感个人信息的数据处理者向境外提供个人信息；四是国家网信部门规定的其他需要申报数据出境安全评估的情形。

其次，规定出境风险自评估的内容：一是数据出境和境外接收方处理数据的目的、范围、方式等的合法性、正当性、必要性；二是出境数据的规模、范围、种类、敏感程度，数据出境可能对国家安全、公共利益、个人或者组织合法权益带来的风险；三是境外接收方承诺承担的责任义务，以及履行责任义务的管理和技术措施、能力等能否保障出境数据的安全；四是数据出境中和出境后遭到篡改、破坏、泄露、丢失、转移或者被非法获取、非法利用等风险，个人信息权益维护的渠道是否通畅等；五是与境外接收方拟订立的数据出境相关合同或者其他具有法律效力的文件等是否充分约定了数据安全保护责任义务；六是其他可能影响数据出境安全的事项。

再次，规定了数据出境安全评估的八个重点事项：一是数据出境的目的、范围、方式等的合法性、正当性、必要性；二是境外接收方所在国家或者地区的数据安全保护政策法规和网络安全环境对出境数据安全的影响；三是境外接收方的数据保护水平是否达到中华人民共和国法律、行政法规的规定和强制性国家标准的要求；四是出境数据的规模、范围、种类、敏感程度，出境中和出境后遭到篡改、破坏、泄露、丢失、转移或者被非法获取、非法利用等的风险；五是数据安全和个人信息权益是否能够得到充分有效保障；六是数据处理者与境外接收方拟订立的法律文件中是否充分约定了数据安全保护责任义务；七是遵守中国法律、行政法规、部门规章情况；八是国家网信部门认为需要评估的其他事项。

第五，建立数据出口管制制度。

《数据安全法》第二十五条规定，"国家对与维护国家安全和利益、履行国际义务相关的属于管制物项的数据依法实施出口管制"。需要说明的是，并非所有数据出口均需进行管制，本制度仅适用于与国家安全和利益、履行国际义务相关的管制物项之数据。根据《出口管制法》第二条之规定，出口管制物项的范围包括两用物项、军品、核以及其他与维护国家安全和利益、履行防扩散等国际义务相关的货物、技术、服务等物项，其中包括前述物项相关的技术资料等数据。目前已经公布的出口管制物项目录或清单包括《禁止出口货物目录》《禁止出口限制出口技术目录》《两用物项和技术进出口许可证管理目录》《生物两用品及相关设备和技术出口管制清单》《各类监控化学品名录》《易制毒化学品进出口管理目录》《有关化学品及相关设备和技术出口管制清单》《核出口管制清单》《导弹及相关物项和技术出口管制清单》《核两用品及相关技术出口管制清单》《军品出口管理清单》《商用密码出口管制清单》等。上述目录或清单中所列明的直接属于管制物项的数据以及与管制物项相关的技术资料等数据，均属于管制物项的数据。

第六，建立歧视反制制度。

歧视反制制度是对数据领域歧视的对等反制规定，主要适用于任何域外国家或地区对我国在与数据和数据开发利用有关的贸易、服务进行歧视性禁止、限制或者其他类似性措施的情形，制度设计的目的并非仅着眼于经济和贸易举措，而是为国家安全进行的战略考量。此项制度与《反外国制裁法》《阻断外国法律与措施不当域外适用办法》《不可靠实体清单》一起构成我国对外非歧视的法律体系，对维护国家数据主权和数据安全具有重要意义。对等反制措施在《反外国制裁法》中已有规定，如第三条"外国国家违反国际法和国际关系基本准则，以各种借口或者依据其本国法律对我国进行遏制、打压，对我国公民、组织采取歧视性限制措施，我国有权采取相应反制措施"。数据领域歧视反制制度是《反外国制裁法》的有效衔接。

（三）新安全格局下我国公共数据开发利用风险防范的制度要点

新安全格局下，要从提高合规意识、强化风险感知能力、加强关键信息基础设施安全保护、增强网络系统恢复能力和弹性等方面来加强公共数据开发利用的风险防范。

1.提高合规意识

基于安全保护之特性，在未发生大型公共数据安全事件之前，风险防范对公共机构和企事业单位（尤其是承担公共服务职能的大型企业）而言是"只见投入、不见产出"的行为，因此，目前的风险防范是一种迫于法律法规和外在监管要求的被动型防范，属于合规驱动而非价值驱动。主动防御意识不强是公共数据安全风险防范中存在的普遍问题，提高公共机构和企事业单位合规意识成为亟待解决的问题。一方面，应强化政策的激励和引导作用，树典型、立标杆、给奖励，变单向施压为"又拉又压"，内外共同形成保护公共数据安全之合力；另一方面，要加大宣传力度，通过以案说法等形式使相关单位知晓主动防御的好处和被动防御之弊端，提高公共数据安全维护的积极性和主动性。

2.强化风险感知能力

随着网络攻击手段的不断翻新，尤其是APT攻击的强化，公共数据安全形势日趋严峻。据360公司发布的《2022年全球高级持续性威胁（APT）研究报告》，2022年全球范围内APT攻击活动紧跟政治、经济等时事热点，攻击目标集中分布于政府、教育、金融等行业。在对我国的网络攻击中，政府、教育、信息技术、科研等15个行业领域成为APT组织攻击活动主要的目标领域。为有效应对大规模网络攻击，强化网络风险感知和预判能力是重要方式之一。习近平总书记强调，"加快构建关键信息基础设施安全保障体系"，"全天候全方位感知网络安全态势"，"增强网络安全防御能力和威慑能力"。要以此为指导，坚持"安全第一，预防为主"原则，以面向新型未知威胁、大规模网络安全事件的监测预警作为重点，不断提高公共数据风险感知、预警、防范能力，确保公共数据安全。

3.加强关键信息基础设施安全保护

关键信息基础设施是国家经济社会发展的核心及命脉，

具有"牵一发而动全身"之作用。加强关键信息基础设施安全保护成为网络安全的重中之重。要落实关键信息基础设施防护责任，行业、企业作为关键信息基础设施运营者承担主体防护责任，主管部门要履行好监管责任。要严格执行《关键信息基础设施安全保护条例》的有关规定，以保护关键信息基础设施和公共数据安全为重点，以网络安全等级保护制度和关键信息基础设施安全保护制度为基础，健全完善"网上网下结合、人防技防结合、打防管控结合"的一体化综合防控体系，铸就关键信息基础设施安全的铜墙铁壁。

4.增强网络系统恢复能力和弹性

当前的网络威胁愈演愈烈，攻击手段的复杂性、自适应性和持续性等特点，使得预测、阻止难度愈来愈大。如何在遭受攻击和破坏的情况下仍能保证网络的良好运行和任务完成成为重要课题。这就要求网络系统具有预防、抵御网络攻击的能力，以及在遭受网络攻击后能够快速恢复和适应的能力。其一，增强系统的可靠性，保证系统能够在网络故障环境条件和其他挑战的情况下正常运行。其二，增强系统的可修改性，即系统应易于更新和修改以添加新的功能或特性。其三，增强系统的可修复性，保障系统具有自检测和纠正故障的能力，以便恢复正常运行。其四，增强系统的可配置性，即系统应该能够调整参数，以便在不同操作情况下正常运行。其五，增强系统的适应性，使系统能够在不同操作环境下快速适应并正确运行。其六，增强系统的自治性，使系统能够自我管理、自我保护、自我配置、自我修复和自我优化。

四、数据跨境流动安全：数据出境与数据调取

目前，数据跨境流动的安全性与国家安全休戚相关，越来越引起有关方面重视。

（一）出境与入境：数据跨境流动对国家安全的多重影响

以主权国家为坐标，按照流向，数据跨境流动分为两种基本方式：从国内流向国外的为出境；由国外流向国内的为入境。从对国家安全影响的角度看，数据出境对主权国家的影响要明显大于数据入境，因此数据出境管理成为各国监管的重点。

不同类型数据的跨境流动对国家安全的影响是不同的。个人信息数据由于其上附着有个人信息，因此可利用个人信息的识别性识别出特定自然人。这一方面，可对可能关涉国家安全的特殊人群进行跟踪、收买，以达到窃取国家核心数

据、重要数据和国家秘密之目的；另一方面，可记录个人的
兴趣爱好、风俗习惯、政治倾向等，针对性进行暴恐宣传、
意识形态渗透，甚至可以利用群体性的政治倾向左右国家选
举。对于公共数据的地理信息数据、生物数据、重要交通数
据、能源数据、金融数据等国家核心数据、重要数据的跨境
流动，可能对国家经济安全、军事安全、社会安全、能源安
全、金融安全造成影响。总之，数据跨境流动尤其是数据出
境，会对国家安全造成多方面、多维度影响，必须给予高度
重视。

（二）新安全格局下我国数据跨境流动安全的制度
检视

我国对数据出境可能引发国家安全风险的关注始于部分
领域数据本地化存储的单独立法。例如，2006 年发布的
《电子银行业务管理办法》第十条规定，"中资银行业金融机
构的电子银行业务运营系统和业务处理服务器设置在中华人
民共和国境内；外资金融机构的电子银行业务运营系统和业
务处理服务器可以设置在中华人民共和国境内或境外。设置
在境外时，应在中华人民共和国境内设置可以记录和保存业
务交易数据的设施设备，能够满足金融监管部门现场检查的
要求，在出现法律纠纷时，能够满足中国司法机构调查取证

的要求"；再如，2013年实施的《征信业管理条例》第二十四条规定，"征信机构在中国境内采集的信息的整理、保存和加工，应当在中国境内进行。征信机构向境外组织或者个人提供信息，应当遵守法律、行政法规和国务院征信业监督管理部门的有关规定"。《关于银行业金融机构做好个人金融信息保护工作的通知》《保险公司开业验收指引》《人口健康信息管理办法（试行）》《地图管理条例》《网络出版服务管理规定》《网络预约出租汽车经营服务管理暂行办法》《互联网域名管理办法》等也有类似规定。而真正体现数据跨境流动的法律制度是2017年颁布的《网络安全法》。该法第三十七条规定，"关键信息基础设施的运营者在中华人民共和国境内运营中收集和产生的个人信息和重要数据应当在境内存储。因业务需要，确需向境外提供的，应当按照国家网信部门会同国务院有关部门制定的办法进行安全评估；法律、行政法规另有规定的，依照其规定"。前半句仍然是关于个人信息和重要数据本地存储的规定，但后半句则明确了数据出境要求。这是我国首次从法律层面明确：数据可以出境；出境的前提条件是进行安全评估。

《数据安全法》是我国专门规范数据安全行为的法律。该法在数据分级分类制度基础上，建立了较为完善的数据跨境流动制度体系。首先，对于关系国家安全、国民经济命脉、重要民生、重大公共利益的国家核心数据，实行更加严格的管理制度。这意味着对于核心数据出境需进行更为严格的安全审查。属于与维护国家安全和利益、履行国际义务相关的管制物项的数据依法实施出口管制。其次，明确了重要数据出境的法律适用要求。其第三十一条将重要数据划分为关键信息基础设施运营者收集和产生的重要数据、其他数据处理者收集和产生的重要数据，前者的出境安全管理适用《网络安全法》的有关规定，后者的出境安全管理办法由国家网信部门会同国务院有关部门制定。在2022年7月出台的《数据出境安全评估办法》中，对数据出境安全评估的适用条件、评估内容进行了明确，对其他数据处理者收集和产生的重要数据出境提供了依据。再次，规定了司法或者执法领域数据出境的基本要求。依据《数据安全法》第三十六条之规定，"中华人民共和国主管机关根据有关法律和中华人民共和国缔结或者参加的国际条约、协定，或者按照平等互惠原则，处理外国司法或者执法机构关于提供数据的请求。非经中华人民共和国主管机关批准，境内的组织、个人不得向外国司法或者执法机构提供存储于中华人民共和国境内的数据"。

对于个人信息数据的出境要求，在《个人信息保护法》第三章予以了规定。第三十八条规定了个人信息出境的三个条件，即网信部门评估、专业机构认证、订立标准合同。第三十九条规定了个人信息出境需向信息主体告知的事项和取得单独同意之要求。第四十条明确了关键信息基础设施运营者和达到网信部门规定的个人信息处理数量的信息处理者对个人信息本地存储之义务，规定"确需向境外提供的，应当通过国家网信部门组织的安全评估"。2023年2月24日，国家互联网信息办公室公布《个人信息出境标准合同办法》，对个人信息出境标准合同的适用条件和备案监管等作了具体规定。适用条件包括：非关键信息基础设施运营者；处理个人信息不满100万人的；自上年1月1日起累计向境外提供个人信息不满10万人的；自上年1月1日起累计向境外提供敏感个人信息不满1万人的。必须同时满足上述四项条件，才能够适用本办法。

从上述制度梳理可以看出，我国关于数据跨境流动的制度架构已基本建立，适用不同类别的数据出境规则趋于完善，为数据跨境流动搭建起了坚实的法律基础。但同时也发现，我国数据跨境流动现有制度体系更多着眼于数据主权和国家安全之维护，比如数据本地化存储、出境严格的评估认证。换言之，我们更多关注的是数据跨境流动可能带来的风险和冲击等负面影响，而对其扩大我国的数据"朋友圈"、增大中国的国际影响力、实现由数字大国向数字强国迈进等正面促进效应重视不够。如果这样，一方面，可能影响《数据安全法》"统筹发展和安全，坚持以数据开发利用和产业发展促进数据安全，以数据安全保障数据开发利用和产业发展"等战略之落实；另一方面，过强的数据出境约束可能会制约我国数字企业的国际化步伐，限制产业优势的发挥。习近平总书记多次强调要"加快构建以国内大循环为主体、国内国际双循环相互促进的新发展格局"。而数据作为基础性生产要素和重要的国家战略性资产，发展基于跨境数据流动的数字经济外循环新格局成为我国赢得国际竞争新优势的主动战略选择。根据经济合作与发展组织测算，数据流动对各行业利润增长的平均促进率在10%，在数字平台、金融业等行业中可达到32%。如何在保证数据安全的前提下，探索出一条加快数据跨境流动的新路是新时代数据安全亟待解答的问题。

（三）新安全格局下维护我国数据跨境流动安全的路径探寻

新安全格局下，维护我国数据跨境流动安全需要从理念创新、扩圈增容、试点先行等方面下功夫。

1.理念创新

新安全格局下的数据安全应该是一种相对安全，是与新发展格局相互促进的安全格局。在新时代新征程，数据既是一种核心生产要素，又是数字贸易的重要载体和推动力。只有秉持安全与发展相互促进，以新安全格局保障新发展格局之理念，方可实现我国数据跨境流动制度建设的创新与突破。应以《全球数据安全倡议》为基础，围绕数据本地化、隐私安全、跨境执法协调等关键事项提出"中国版"解决方案，平衡公共安全、产业发展、个人信息权益保护等三方面诉求。

2.扩圈增容

进一步挖掘数据的要素属性和贸易属性，将数据跨境流动嵌入到国家贸易投资协定中，借助双边、多边贸易谈判，与贸易合作伙伴搭建数据跨境流动的共识性制度框架。例如，可通过"一带一路"的贸易合作，构建数据跨境流动伙伴体系，强化特定范围内的数据跨境自由流动。再如，我国已签署《区域全面经济伙伴关系协定》（RCEP），可充分利用该协定第十五条"明确各缔约方不得阻止受协定约束的主体为进行商业行为而通过电子方式跨境传输信息"之规定，与日本、韩国、澳大利亚、新西兰及东盟十国等签约国，构建"数据共同体"，实现圈内数据自由流动。目前，我国已申请加入《全面与进步跨太平洋伙伴关系协定》（CPTPP），可利用该协定第十四条"每一缔约方应允许通过电子方式跨境传输信息，包括个人信息，用于涵盖的人开展业务"之规定，与日本、澳大利亚、文莱、加拿大、智利、马来西亚、墨西哥、新西兰、秘鲁、新加坡和越南等成员国进行数据的跨境流动。

3.试点先行

为了推进我国数据跨境流动探索，国家"十四五"规划提出了数据跨境传输安全管理试点要求，明确选择部分条件较好的区域进行数据跨境传输安全管理试点。2020年，商务部在《关于印发全面深化服务贸易创新发展试点总体方案的通知》中部署了具体试点工作，要求以个人信息出境安全评估、企业数据保护能力认证等为切入点，在确保安全的基础上，通过政策创新、管理升级、服务优化，探索完善数据跨境流动监管模式。数据跨境传输安全管理试点聚焦人工智能、工业互联网、跨境电商等关键领域，有助于满足数据跨境流动实际需求，促进数字经济发展。上海、北京等多地开展了试点工作，应认真总结各地成功的试点经验，在更大范围进行复制、推广，探索出一套具有中国特色的数据跨境流动方案。

主要参考文献

［1］习近平：《高举中国特色社会主义伟大旗帜 为全面建设社会主义现代化国家而团结奋斗——在中国共产党第二十次全国代表大会上的报告》，人民出版社2022年版。

［2］龙卫球主编：《中华人民共和国数据安全法释义》，中国法制出版社2021年版。

［3］陈越峰：《超越数据界权：数据处理的双重公法构造》，载《华东政法大学学报》2022年第1期。

［4］戴昕：《数据界权的关系进路》，载《中外法学》2021年第6期。

［5］刘如、周京艳：《我国数字经济外循环面临的跨境数据流动政策问题与对策》，载《科技中国》2021年第4期。

［6］刘文杰：《美欧数据跨境流动的规则及走向》，载《国际问题研究》2022年第6期。

［7］唐爱军：《论新时代意识形态安全》，载《马克思主义研究》2022年第6期。

［8］王锡锌、黄智杰：《公平利用权：公共数据开放制度建构的权利基础》，载《华东政法大学学报》2022年第2期。

［9］谢琳：《大数据时代个人信息使用的合法利益豁免》，载《政法论坛》2019年第1期。

［10］谢远扬：《〈民法典人格权编（草案）〉中'个人信息自决'的规范建构及其反思》，载《现代法学》2019年第6期。

［11］熊鸿儒、田杰棠：《突出重围：数据跨境流动规则的"中国方案"》，载《人民论坛·学术前沿》2021年第18期。

［12］许可：《数据安全法：定位、立场与制度构造》，载《经贸法律评论》2019年第3期。

［13］杨宗科、张永林：《中国特色国家安全法治道路七十年探索：历程与经验》，载《现代法学》2019年第3期。

［14］云俊德：《个人信息泄露可能危及国家安全》，载《中国国防报》2017年6月8日，第2版。

［15］张茉楠：《加快统筹制定数据跨境流动的中国方案》，载《开放导报》2023年第1期。

［16］《习近平主持中央国安委首次会议　强调建集中统一高效权威国安体制》，人民网，http://paper.people.com.cn/rmrbhwb/html/2014-04/16/content_1415585.htm，最后访问时间：2023年3月21日。

［17］《以系统观念构建新安全格局——学习贯彻党的

二十大精神，开创国家安全工作新局面》，央广网，
https：//www.cnr.cn/tj/rdzht/dsz/ztttq/20d/20221122/t20221122_
526069547.shtml，最后访问时间：2023年3月15日。

［18］陈向阳：《构建新安全格局，为中国式现代化护
航》，https：//www.bjnews.com.cn/detail/1666655101168233.
html，最后访问时间：2023年3月12日。

［19］国家计算机网络应急技术处理协调中心：《2021年
上半年我国互联网网络安全监测数据分析报告》，https：//www.
ert.org.cn/publish/main/46/2021202107310905569802865517/
021073109 0556980286517_.html，最后访问时间：2023年3月
20日。

后 记

　　党的二十大报告以专章阐述了"推进国家安全体系和能力现代化，坚决维护国家安全和社会稳定"，将国家安全提升到"民族复兴的根基"的战略高度。数据安全作为国家安全的重点领域之一，应该特别重视。进一步推进国家数据安全法治体系现代化不仅是新时代维护国家安全的工作重点之一，也是数据安全和国家安全学术研究的前进方向。正是基于这样的认识，我们合作撰写了《新安全格局下数据安全法治研究》一书。

　　百年未有之大变局是总体国家安全观提出的时代语境，而当下轰轰烈烈的、以数字革命为核心内容的第三次科技革命正是百年未有之大变局的重要内涵之一。在数字革命开始前的几千年里，除了某些与情报和机密相关的特定数据，绝大多数数据都只是"对客观事件进行记录并可以鉴别的符号"，即便泄露或遭滥用通常也只会造成有限的损失。数据安全和国家安全就像两条线，虽有相交，但未同行。而在大数据时代，互联网、云计算、大数据等现代信息技术深刻改变着人类的思维、生产、生活、学习方式，深刻展示了世界发展的前景，数据成为继土地、劳动力、资本、技术之后的第五大生产要素，成为重塑全球经济结构和生产方式、影响国家战略和国际竞争力的关键力量。一言以蔽之，作为新型生产要素的数据在当下已经成为了重要的国家战略资源。另一方面，"万物皆数"，现实中的中国经由数以亿兆计的数据记录、分析、转化，成为虚拟空间中的"数字中国"。一切与国家安全存在紧密联系的领域、事项、信息，几乎都可以在互联网上找到其数字映射。原本不直接关乎国家安全的低价值信息，也可以经数据处理技术汇集、比对、分析之后成为高价值情报。可以说在新时代，数据安全已经成为国家安全不可分割的一部分。

我们师生合作研究数据安全问题已有数年，见证了数据法治热度不断上升，逐渐成为"显学"，不断有前辈耆宿和后起俊彦投身相关研究，产出成果宛如花圃般异彩纷呈、争奇斗艳。如许闹热景象中，自身学术坐标何处寻？我们将视角投入了数据安全与社会、与国家的关联上，在这一领域持续深耕。时至今日，有所体悟。

本书付梓之际，由衷感谢重庆出版社的大力支持，感谢责任编辑林郁女士认真细致、辛劳勤恳的工作，也感谢关心本书的各位领导、师友、同仁。因学识有限，书中难免有疏漏和不当之处，还望方家指正。

王怀勇　常宇豪

2023年4月24日